오풍연 지음

윤석열,
그는 누구인가
그가 품어온 시대적 소망에
귀기울이다

오풍연 전 서울신문 법조대기자가 지켜본

윤석열의 운명

오풍연닷컴

오풍연 전 서울신문 법조대기자가 지켜본

윤석열의 운명

초판 1쇄 발행 2021년 5월 5일

지 은 이   오풍연
발 행 인   오풍연닷컴
출판등록   제2021-000068호
주   소   서울특별시 영등포구 국회대로 552
전   화   0505-613-6133
팩   스   0303-0799-1560
홈페이지   www.ohpoongyeon.com
이 메 일   poongyeon@naver.com

값 15,500원
ISBN   979-11-5602-885-7   (13300)

오풍연

전) 서울신문 법조대기자가 지켜본

윤석열의 운명

오풍연

오풍연닷컴

과연
윤석열 시대가
열릴까

나는 윤석열과 동갑이다. 우리 나이로 62살. 나는 출입기자와 법무부 정책위원 등으로 검찰과 12년 가까이 인연을 맺었다. 나의 첫 출입처도 법조다. 그래서 검찰을 친정이라고도 한다. 나는 1987년 가을부터 검찰을 출입했고, 윤석열은 1991년 제33회 사법시험에 합격한 뒤 1994년 대구지검 검사로 임관했다. 이후 1999년 서울지검에 들어왔다. 검사와 기자로 서로 길은 달랐지만 생각을 같이하는 부분도 적지 않았다. 직간접적으로 소통을 하고 있다는 점은 밝힌다.

나는 매일 새벽 1시쯤 일어나 하루를 시작한다. 일어나자마자 식사를 하고 오풍연 칼럼을 쓴다. 정확히 2018년 5월 16일부터 하루 평균 2~5개씩 써왔다. 따라서 2019년 7월 검찰총장이 된 윤석열도 나의 사정권 안에 들어 있었다고 할 수 있다. 잘 알다시피 윤석열의 취임은 화려했지만, 퇴장은 쫓겨나다시피 했다. 말이 자진 사퇴지 축출 당했다고 할 수 있다.

여기에 쓴 글은 2020년 4월 1일부터 2021년 4월 1일까지 윤석열 주변에서 일어났던 일들을 모은 것이다. 이슈가 있을 때마다 칼럼을 썼다. 나름 역사를 기록한다는 심정으로 정리했다. 윤석열이 왜 정치를 할 수밖에 없었는지 알 수 있을 게다. 윤석열이 처음부터 정치에 뜻을 두었을 리는 없다. 문재인 정권이 그렇게 만들었다고 할 수 있다. 상황이 정치를 하도록 한 셈이다.

오늘날 윤석열을 만들어준 일등공신은 뭐니 뭐니 해도 문재인 대통령이다. 문 대통령은 윤석열을 두 번이나 발탁했다. 좌천당해 지방 고검 검사로 있던 윤석열을 서울지검장으로 끌어올린 데 이어 선배 기수 대신 검찰총장에 앉혔다. 그런데 조국 전 청와대 민정수석을 법무장관에 지명하면서 틀어지기 시작했다. 결국 조국은 장관에 취임한 뒤 얼마 지나지 않아 사퇴했다.

이때부터 문재인 정권과 윤석열은 각자 다른 길을 걸었다고 할 수 있다. 조국에 이어 추미애가 법무장관이 됐다. 추미애는 두 차례에 걸친 검찰 고위직 인사에서 윤석열 라인을 거의 모두 쳐냈다. 손과 발을 잘랐다고 할 수 있다. 그러면서 추미애와 윤석열은 사사건건 부딪쳤다. 문 대통령도 둘 사이를 어떻게 하지 못했다. 비극이 싹튼 순간이었다.

총대를 멘 추미애가 탄압하면 할수록 윤석열의 인기는 올라갔다. 뭐라고 설명하기 어려울 정도였다. 어느덧 윤석열은 대권주자 반열에 올랐다. 일부 언론에서 윤석열을 넣어 여론조사를 하기도 했다. 거기서 기이한 현상이 일어났다. 현직 총장인 윤석열에 대한 지지율이 높게 나타나기 시작했다. 윤석열 입으로 정치의 '정' 자도 꺼내지 않았는데 그랬다. 윤석열 신드롬이 생긴 것이다.

윤석열은 2021년 4월 20일 현재 모든 대권주자 중 지지율 1위다. 2위도 멀찌감치 따돌렸다. 그러나 윤석열이 정치를 하겠다는 말은 아직 꺼내지 않은 상황이다. 조만간 본격적으로 정치에 뛰어들 공산이 크다. 여러 가지 상황을 저울질 할 것으로 여긴다. 어쨌든 윤석열은 2022년 대선에서 상수다. 민주당으로 갈 리는 없고, 국민의힘으로 갈지, 아니면 제3지대 신당을 만들지는 알 수 없다. 정치는 생물과 같아 그때그때 상황에 따라 달라질 수밖에 없다. 현재 윤석열의 적은 윤석열 자신이라고 생각한다. 윤석열의 시대가 열릴까.

2021년 4월 20일
오풍연

목차

04 **프롤로그** – 과연 윤석열 시대가 열릴까

1장
2021. 04~
2021. 01

14 박철완 안동지청장은 더 큰 것을 보라 (2021. 4. 1)

17 윤석열 지지율 40%도 돌파했다 (2021. 3. 23)

20 대선 출마 저울질하는 추미애, 100% 나온다 (2021. 3. 21)

23 윤석열을 반기문과 비교하려는 어리석음 (2021. 3. 18)

26 윤여준, "(윤석열) 대통령 당선 가능성 높다" (2021. 3. 17)

29 윤석열 지지율 40% 돌파도 가능하다 (2021. 3. 15)

32 조국 마이웨이, 그러나 약발이 없다 (2021. 3. 10)

35 추미애, 조국 협공에도 윤석열은 끄덕 안 한다 (2021. 3. 7)

38 20대 대통령과 윤석열 변수 (2021. 3. 6)

41 윤석열이 검찰을 떠난 날 (2021. 3. 4)

44 윤석열을 투사로 만든 것은 정부여당이다 (2021. 3. 4)

47 윤석열, "법치 말살하면 100번이라도 직을 걸겠다" (2021. 3. 2)

50 추미애는 가고, 박범계는 오고 (2021. 1. 28)

53 이제 조국, 추미애, 김어준 차례다 (2021. 1. 23)

56 윤석열, 이재명 이낙연과 양자대결서도 앞서간다 (2021. 1. 19)

59 윤석열만 30% 벽을 깼다 (2021. 1. 3)

62 이재명 느긋, 윤석열 침묵, 이낙연 초조(2021. 1. 2)

2장 2020.12

68 문재인 대통령을 욕보이는 그들 (2020. 12. 30)

71 추미애, 윤석열 탄핵은 꿈도 꾸지 말라 (2020. 12. 29)

74 윤석열 대선주자로 더 우뚝 섰다 (2020. 12. 25)

77 윤석열 죽이기 실패, 이제 뭐라고 할 건가 (2020. 12. 25)

80 문재인-윤석열 돌아올 수 없는 다리를 건넜다 (2020. 12. 18)

83 윤석열 정직 2개월, 싸움은 끝나지 않았다 (2020. 12. 16)

86 전 국민이 윤석열 징계위를 보고 있다 (2020. 12. 10)

89 윤석열 현상 일시적 아니다 (2020. 12. 9)

92 추미애-윤석열 싸움 정점으로 치닫다 (2020. 12. 9)

95 자랑스런 1등 윤석열, 부끄러운 1등 조국 (2020. 12. 7)

98 법원도 "검찰총장, 법무장관에 맹종 말라"고 했다 (2020. 12. 2)

101 법원도 윤석열 손을 들어주었다 (2020. 12. 1)

104 추미애-윤석열 사태 해법은? (2020. 12. 1)

3장

2020. 11~
2020. 10

110 추미애 아웃, 전국 평검사들도 열 받았다 (2020. 11. 26)

113 추미애의 칼춤을 보는 이 심정 (2020. 11. 25)

116 조국의 궤변을 반박한다 (2020. 11. 20)

119 윤석열이 아무리 밉다지만 (2020. 11. 19)

122 이낙연, 이재명, 윤석열 3강 체제 변화 온다 (2020. 11. 18)

125 추미애의 좌충우돌, 법무행정도 망가뜨린다 (2020. 11. 14)

128 윤석열과 금태섭이 주목받는 이유 (2020. 11. 13)

131 추미애는 걸핏하면 남 탓을 한다 (2020. 11. 12)

134 윤석열, 마침내 대권주자 1위 올랐다 (2020. 11. 11)

137 사람들은 왜 추미애를 더 나쁘다고 할까 (2020. 11. 9)

140 윤석열이 그렇게 미운가 (2020. 11. 6)

143 추미애 퇴진과 검찰개혁 (2020. 11. 4)

146 윤석열 전체 지지율 1위도 멀지 않았다 (2020. 11. 2)

149 추미애, 조국, 정말 눈 뜨고 못 봐주겠다 (2020. 10. 29)

152 윤석열 지지율 15% 돌파, 대망론 다시 불붙었다 (2020. 10. 28)

155 추미애-윤석열 싸움 구경만 하는 청와대 (2020. 10. 27)

158 윤석열 신드롬은 계속된다 (2020. 10. 24)

161 윤석열한테 KO패 당한 민주당 법사위원들 (2020. 10. 23)

164 윤석열은 당당했고, 여당 의원들은 비굴했다 (2020. 10. 22)

167 윤석열은 식물총장이 됐다 (2020. 10. 20)

170 추미애-윤석열 싸움 점입가경이다 (2020. 10. 19)

173 추미애 사태 끝나지 않았다 (2020. 10. 5)

4장

2020. 09~
2020. 07

178 추미애 검찰개혁은 소가 웃을 일이다 (2020. 9. 30)

181 서울지검의 윤석열 검찰총장 처가 쪽 수사를 보는 눈 (2020. 9. 25)

184 언제까지 기승전-'추미애'를 보아야 하나 (2020. 9. 18)

187 국민여론도 '추미애 사퇴'다 (2020. 9. 16)

190 추미애 사태, 더 끌수록 민심 나빠진다 (2020. 9. 12)

193 이낙연, 추미애 문제 외면 말라 (2020. 9. 10)

196 맹구 취급 당하는 추미애, 버틸 힘은 있는가 (2020. 9. 8)

199 추미애 이제 그만 물러나라 (2020. 9. 5)

202 윤석열이 문재인을 문 단다 (2020. 8. 17)

205 추미애·윤석열 함께 물러나라 (2020. 8. 12)

208 조국, 분수를 알아라 (2020. 8. 10)

211 추미애 장관과 문찬석 검사장의 상반된 시각 (2020. 8. 9)

214 사실상 윤석열 총장 혼자 남았다 (2020. 8. 7)

217 검찰총장이 대권주자로 거론되는 이 현실 (2020. 8. 4)

220 윤석열 검찰총장을 투사로 만들어선 안 된다 (2020. 8. 4)

223 추미애는 국민도 무시한다 (2020. 7. 23)

226 천방지축 추미애, 이제는 부동산 정책도 뛰어든다 (2020. 7. 19)

229 홍준표 윤석열 원희룡이 대결한다 (2020. 7. 17)

232 추미애 문고리 권력은 또 뭐냐 (2020. 7. 13)

235 추미애의 내로남불 (2020. 7. 11)

238 추미애의 목표는 딱 하나, 윤석열 사퇴다 (2020. 7. 9)

241 조국도 윤석열 때리기에 거들고 나섰다 (2020. 7. 5)

244 윤석열은 아직 굳건하다 (2020. 7. 4)

5장

2020. 06~
2020. 04

250 윤석열 대권주자 선호도 3위 올랐다 (2020. 6. 30)

253 문 대통령이 추미애를 말려라 (2020. 6. 30)

256 차라리 윤석열 검찰총장 해임 건의를 해라 (2020. 6. 20)

259 윤석열 대권 주자로 발돋움하다 (2020. 6. 20)

262 여권은 윤석열 검찰총장 흔들기 멈춰라 (2020. 6. 19)

265 보수진영, 윤석열·홍정욱을 띄워 보라 (2020. 6. 13)

268 한겨레 윤석열 검찰총장에 사과, 그것이 정석이다 (2020. 5. 22)

271 홍준표–윤석열 대결을 예상한다 (2020. 5. 20)

274 통합당 대통령감은 윤석열·홍정욱 말고 또 있을까 (2020. 5. 4)

277 대한민국서 검찰총장이라는 자리 (2020. 4. 17)

280 윤석열 죽이는 칼춤을 추지 말라 (2020. 4. 9)

283 열린민주당이 윤석열 흔들기에 나섰다 (2020. 4. 1)

286 에필로그 – 오풍연이 내다본 2022년 대선은

1장

2021. 04~
2021. 01

박철완 안동지청장은 더 큰 것을 보라

박철완 안동지청장도 임은정 검사와 크게 다르지 않다. 줄곧 자기 목소리를 내왔다. 검찰처럼 상명하복이 지켜지는 조직에서 내 목소리를 내는 게 쉽지는 않다. 대단한 용기가 필요하기도 하다. 어느 새 박철완도 유명 인사가 됐다. 박철완 자신은 그런 줄 모를지 모른다. 모든 언론이 윤석열 전 검찰총장을 주목하듯이 박철완도 눈여겨본다. 지금 박철완은 거기에 일정 부분 맛을 들였을 가능성이 크다.

누구든지 자기주장을 할 때는 남들도 공감했으면 한다. 그게 사람의 심리이기도 하다. 박철완도 검찰 내부 통신망에 글을 올릴 때는 그런 점도 심사숙고할 것으로 본다. 어제는 윤석열을 때렸다. 그동안 윤석열을 지지하고 응원했던 것과 사뭇 다르다. 그러다 보니 이번에도 대다수 언론이 그의 주장을 보도했다. "검찰 내부에서 윤석열 비판" 등의 제목이 나왔다.

나도 무슨 얘기인가 하고 기사를 읽어 보았다. 검사로서 충분히 할 수 있는 주장이었다. 그러나 박철완은 검사의 한계를 스스로 드러내기도 했다. 그는 검찰조직만 생각했다. 더 큰 그림은 보지 못했다. 현재 국민들이 어떤 심정으로 윤석열을 바라보고 있는지, 그것은 생각하지 않았다. 단도직입적으로 정치를 하지 말라고 주문하지는 않았지만 결국 그랬으면 하는 자기 바람을 담았다. 물론 그것 역시 자유다.

　왜 국민들이 윤석열에게 열광하는지는 못 깨달은 것 같다. 문재인 정부에 실망한 나머지 새로운 대안을 찾고 있던 터에 윤석열이 자연스럽게 부상한 것이다. 윤석열을 이른바 '국민 스타'로 만들어준 것도 문재인 정권이긴 하다. 그 첫 번째 공신은 바로 문 대통령이다. 두 번째는 조국, 세 번째가 추미애다. 이들이 아니었으면 예비 정치인 윤석열도 탄생하지 않았다.

　박철완은 31일 검찰 내부망에 쓴 글에서 "전직 총장의 정치 활동은 법질서 수호를 위한 기관인 검찰의 정치적 중립과 독립성에 대한 국민적 염원과 모순돼 보인다"고 주장했다. 이어 윤 전 총장에게 "검찰의 수장이었던 분으로서 남은 인생의 중요한 선택에서 '검찰의 정치적 중립과 독립성을 늘리는 방향이 무엇인가'를 최우선적으로 고려해 주실 것으로 믿는다"고 썼다. 다시 말해 정치를 하지 말라는 주문이다.

거듭 강조하건대 박철완도 자기 모순에 빠졌다. 지금은 검찰보다 국민이다. 국민의 바람을 실천할 수 있다면 그것이 검찰보다 우위에 있어야 한다. 민심은 천심이라고 했다. 거의 모든 사람들이 윤석열의 정치 참여 가능성을 믿고 있다. 그것을 하지 않는 게 오히려 이상하다. 왜 하나만 알고, 둘은 모르는가. 하긴 검찰 조직 안에서 이 같은 주장이 나오는 게 좋다. 그러면서 치열한 논쟁이 전개되어야 한다.

윤 총장은 절제된 메시지를 전하고 있다. 그것 역시 국민들이 바라는 바다. 이낙연은 그것을 계산된 행동이라고 했다. 지금은 윤석열이 기침만 해도 기사가 되는 세상이다. 그에게 거는 기대가 크기 때문이다.

윤석열 지지율 40%도 돌파했다

#1: 이른바 친문들이 폐족이 될 지도 모르겠다. 지금 분위기가 심상치 않다. 나는 그 원인을 상식과 정의가 무너진 데서 찾는다. 역사는 늘 정직하다. 그들은 손바닥으로 하늘을 가리려고 한다. 민주당에도 정말 형편없는 사람들이 많다. 이해찬 전 대표를 비롯 박주민 김용민 김남국 황운하 등은 정말 눈 뜨고 보아줄 수 없다. 이들이 문재인 정권의 점수를 다 까먹는다. 더 잃을 것도 없지만, 마지막 1%도 달아날 판이다. 그럼에도 부끄러움을 모른다. 불쌍한 인간들!

#2: 이재명이 갑자기 작아진 느낌이다. 윤석열 앞에서 맥을 못 춘다고 할까. 그게 민심인지도 모르겠다. 이재명이 우쭐댔던 것도 사실이다. 나는 처음부터 이재명을 사람 취급하지 않았다. 만약 그런 사람이 대통령이 된다면 국가의 수치이기도 하다. 도덕적으로 흠결 투성이다. 나는 그의 이중성을 본다. 진정성이라고는 어느 한 구석도 찾아볼 수 없다. 물론 그를 지지하는 것도 자유다. 그러나 사람을 제대로 보자.

#3: 김형석 명예교수와 윤석열이 지난 19일 만났다고 한다. 윤석열의 첫 외출이 아닌가 싶다. 윤석열이 뵙기를 요청했고, 김 교수가 받아들였다는 것. 둘은 특히 상식과 정의에 대해 많은 얘기를 나눈 것으로 전해졌다. 이제 상식과 정의는 윤석열의 화두가 됐다. 내년 대선 때까지 주효할 것 같다. 상식과 정의를 다시 일으켜 세워야 되기에.

내가 어제 페이스북에 올린 글들이다. 최근 윤석열의 부상과 무관치 않다. 윤석열은 별다른 움직임을 보이지 않고 있다. 바깥으로 드러난 동정은 김 명예교수를 만난 게 전부라고 할 수 있다. 그럼에도 그에 대한 관심은 더 깊어지는 듯하다. 여론조사에서 드러난 지지율이 그것을 말해준다. 40% 턱 밑까지 치고 올라오더니 마침내 40%를 넘었다는 조사결과도 나왔다. 가히 윤석열 신드롬이라고 할 만 하다.

리얼미터가 JTBC 의뢰로 지난 20~21일 서울에 거주하는 성인남녀 1,007명을 대상으로 차기 대선 주자 선호도를 조사한 결과, 윤 전 총장이 40.8%로 선두를 차지했다(표본오차 95% 신뢰수준에 ±3.1%포인트). 물론 40%를 넘은 것은 이번이 처음이다. 이재명 경기도지사는 16.7%, 더불어민주당 이낙연 상임선거대책위원장은 11%로 나타났다. 선거에 나선 국민의당 안철수 서울시장 후보와 국민의힘 오세훈 서울시장 후보는 각각 7.6%와 4.9%로 뒤를 이었다.

이보다 앞서 교통방송이 한국사회여론연구소KSOI에 의뢰해 지난 19~20일 전국 성인 1,007명을 상대로 여론조사를 실시한 결과(신뢰수준 95%, 표본오차±3.1%포인트) 차기 대선후보 적합도는 윤 전 총장이 39.1%, 이재명 경기지사가 21.7%, 이낙연 전 더불어민주당 대표가 11.9%를 각각 기록했다. 윤석열의 일방 독주는 당분간 계속

될 전망이다. 이재명도, 이낙연도 윤석열의 적수가 될 수 없다. 여권이 새로운 주자를 찾아 나설 것 같다. 누가 나올까. 여권의 한숨 소리가 들리는 듯하다.

대선 출마 저울질하는 추미애, 100% 나온다

추미애가 내년 대선에 출마할까. 나는 그 가능성이 100%라고 본다. 추미애가 지금 하는 것을 보면 알 수 있다. 대선에 나갈 명분을 쌓고 있다. 윤석열을 공격하는 것도 같은 맥락으로 이해된다. 윤석열의 대항마로 자신의 존재감을 부각시키는 전략이다. 말하자면 윤석열을 잡을 사람은 추미애 자신밖에 없다는 논리를 펼 듯하다.

내가 작년 11월 대선주자 12명을 주인공으로 펴낸 정치비평서 『F학점의 그들』에도 추미애가 들어 있다. 당시 왜 추미애를 넣었느냐고 묻는 사람들도 적지 않았다. 하지만 나는 추미애가 대권 욕심이 있다고 확신했다. 그의 하는 짓이 그랬다. 무엇보다 친문 그룹의 관심을 끌기 위해 무리수를 자주 두었다. 대표적으로 수사지휘권 발동이 그렇다. 그것을 몇 번이나 발동했다. 윤석열에게 번번이 당하면서도 멈추지 않았다. 그럴수록 친문들은 추미애에게 박수를 보냈다. 대권주자라고도 치켜세웠다.

내년 대선의 가장 큰 변수는 윤석열이다. 윤석열은 상수로 보아야 할 것 같다. 야권이든, 제3지대든 최종 후보가 될 가능성이 높다. 여태껏 보아왔던 검사 출신 정치인과 또 다르다. 무엇보다 굉장히 신중하다. 웬만하면 대꾸를 할텐데 무시하는 전략을 쓰고 있다. 이는 정치 고단수가 펴는 수법이기도 하다. 정치감각이 있다는 얘기다.

윤석열이 언제부터 본격적으로 움직일지 모르겠다. 5월까지는 적극적 행보 대신 관망하지 않을까 싶다. 그래도 늦지 않기 때문이다. 신비주의 전략을 쓰는 것도 나쁘지 않다. 이미 화두는 다 던져 놓았다. 상식 정의 공정 등이 그것이다. 거기에 살만 붙이면 된다. 윤석열이 먼저 던져 놓아 다른 후보들이 그 화두들은 쓰지 못할 것으로 생각한다. 메시지에서 선점했다고 볼 수 있는 대목이다. 그것을 정치력으로 보기도 한다.

추미애도 윤석열과 행보를 같이할 것으로 여겨진다. 대신 방송 등에 계속 나와 명분을 쌓아나갈 공산이 크다. 대선 출마를 직접 언급하지는 않았다. 그러나 가능성은 비쳤다. 그는 지난 17일 제주를 방문한 자리에서 대선 출마에 관한 질문을 받자 "(국민들이) 제가 가진 여러 가지 미래 비전들이 필요하다고 느끼시고 저를 부르신다면 모를까 현재로서는 저 나름의 여러 가지를 생각하고 있기 때문에 이 자리에서 다 말씀드리긴 어렵다"고 말했다.

진중권은 추미애가 나오면 안 된다고 못을 박았다. 진중권은 21일 페이스북에 송창식의 히트곡 '왜 불러'를 이용해 저격했다. "아안 불러, 아안 불러 사고 치다 잘린 사람이 왜애 불러, 왜애 불러"라면서 "장관할 때 깽판치더니 왜왜왜왜왜왜왜왜왜. 이젠 다신 얼굴 들이밀지 좀 마, 아니 안 되지 돌아오면 안 되지"라고 경고했다. 더는 얼굴을 내밀지 말라는 뜻이다.

추미애는 독특한 성격의 소유자다. 남의 말을 듣지 않는다. 자기 멋대로 정치를 한다. 따라서 누가 뜯어말린다고 대통령 출마를 포기할 사람도 아니다. 진중권의 지적처럼 정말 나오지 않는 게 국민을 도와주는 길이다.

윤석열을 반기문과 비교하려는 어리석음

여권은 윤석열을 애써 폄하하고 있다. 대권주자 지지율 1위로 올라서니까 성큼 겁이 났다고 할까. 어떻게든 주저앉히려 할 것이다. 그러나 그것은 그들의 생각이다. 지금 민심은 윤석열을 원하고 있다고 할 수 있다. 민심을 이기는 정치는 없다. 여권은 윤석열을 반기문과 비교하고 있다. 반기문처럼 반짝 떴다가 가라앉을 것이라는 얘기다.

과연 그럴까. 내가 지켜본 윤석열은 그렇지 않다. 반기문과는 비교할 수 없다. 정치 단수로 매길 경우 반기문이 초단이라면 윤석열은 6~7단쯤 된다. 윤석열과 직간접 소통을 통해 분석한 결과다. 나도 직접 정치를 하지 않았지만 20년 이상 지켜봐 왔기에 풍월 이상은 읊는다. 윤석열은 우리가 평소 봐온 검사가 아니었다. 정치력도 갖고 있다는 뜻이다.

그가 그럴 만한 위치에 있었던 것과 무관치 않았다. 그는 대검

범죄정보2담당관을 지냈다. 특수통 출신인 그가 공안담당도 했던 것이다. 범죄정보2담당은 국회담당이라고 보면 된다. 즉 여의도 정치를 경험했다고 볼 수 있다. 정보2담당관실에는 여러 명의 정보원이 있다. 그들이 여의도에 나가 정보를 물어오면 담당관이 그것을 분석하는 일을 한다. 거기서 정치와 연을 맺었다고 해도 과언이 아니다.

정치란 그렇다. 그냥 신문이나 텔레비전을 보고 아는 정치와 실제 돌아가는 상황을 파악한 뒤 보는 정치는 다를 수밖에 없다. 말하자면 정치부 기자 이상의 경험을 쌓았다고 할 수 있다. 윤석열이 얼마만큼 관심을 갖고 그 일을 했는지는 모르겠다. 하지만 그의 일하는 스타일을 볼 때 밤새워 분석하고, 보고했을 것으로 본다. 그게 오늘의 윤석열을 더 강하게 만들지 않았을까 여긴다.

무엇보다 윤석열은 메시지에 강했다. 반면 반기문은 어록이 없다. 2017년 1월 12일 인천공항을 통해 금의환향했지만 인상적 메시지는 던지지 못했다. 그에게 눈도장을 찍으려는 정치인만 북적댔다. 그래선 안 되는데도 말이다. 반기문은 불과 20일 뒤 대선 불출마를 선언하고 정치 무대에서 내려왔다. 반대편이 그를 흔들어 대니까 더 이상 버티지 못했다.

윤석열의 맷집은 이미 검증됐다. 지금까지 누구에게도 밀리지 않았다. 정치판에서 잔뼈가 굵은 여야 의원들을 상대해서도 당당히 겨뤘다. 오히려 의원들을 무안하게 만들었다. 게다가 메시지도 뛰어났다. "사람에게 충성하지 않는다." "검수완박(검찰수사권 완전 박탈)은 부패를 완전히 판치게 만드는 부패완판이다." "중상모략은 제가 쓸 수 있는 가장 점잖은 단어" 등은 강렬한 인상을 심어 주었다. 보통 정치인도 지어내기 쉽지 않은 표현들이다.

반기문은 측근 때문에 실패했다는 소리도 듣고 있다. 김숙 오준 등 외교관 후배들이 너무 울타리를 쳐 결과적으로 고립되고 말았다. 하지만 윤석열은 측근도 없다시피하다. 그런 점을 잘 알고 있기 때문에 가까운 검사 출신 지인들과도 거리를 두고 있는 것으로 전해졌다. 윤석열 역시 자기와의 싸움에서 이겨야 대권에 다가 갈 수 있다. 아직은 시작도 하기 전이다.

윤여준,
"(윤석열) 대통령
당선 가능성 높다"

윤석열의 정치적 감각은 몇 점쯤 줄 수 있을까. 내가 매긴 점수는 95점이다. 무엇보다 메시지를 던질 줄 안다. 정치인에게 굉장히 중요한 요소다. 정치에 있어 메시지와 말이 절반 이상 차지한다. 검사 출신 어느 정치인보다 우위에 있다고 하겠다. 윤석열이 지금까지 던진 화두는 크게 세 개. 상식 정의 공정이다. 내년 대선 끝날 때까지 유효할 것으로 본다. 효자 노릇을 할 게 틀림없다.

현재 우리 국민이 가장 우려하는 점들을 콕 집었다고 할 수 있다. 나는 문재인 정부 출범 때부터 상식과 정의가 무너지고 있다고 지적해 왔다. 나와 윤석열의 관심사가 같다고 할 수 있다. 점차 많은 국민들이 문재인 정권에 등을 돌리고 있는 이유이기도 하다. 이번 LH 사건도 그렇다. 상식과 정의, 공정이 살아 있다면 그런 일이 생길 리 없다. 그 책임은 문재인 정부가 지는 게 마땅하다.

정치 고수인 윤여준 전 장관도 17일 윤석열을 높게 평가했다.

다음 대통령에 가장 근접한 사람이라고도 했다. 그는 이날 국민의힘 초선 의원들의 모임 '명불허전 보수다' 특강에서 차기 대권주자 1위로 급부상한 윤석열에 대해 "안철수와 다르다"고 말했다. 윤석열이 헌법정신, 법치주의, 국민상식을 얘기한 타이밍과 메시지를 보더라도 알 수 있다는 것. 다시 말해 정치 감각이 뛰어나는 얘기다.

안철수의 정치적 멘토이기도 했던 윤 전 장관은 "(여권의) 모욕적인 반응에도 일체 반응 없이 짤막한 멘트만 하는 것을 보고, 그 정도 훈련이면 상당하다고 생각했다"면서 "국민들이 정치인으로 보지 않았던 사람이 안철수고, 윤 전 총장은 현실 정치에 휘말렸던 분"이라고 말했다. 그러면서 "당시 (안철수 신드롬은) 사막을 가는 사람이 목이 타서 신기루를 본 것"이라며 새 정치를 갈망하던 국민들의 염원이 투영된 현상이었다고 회고했다.

그는 "국민의힘이 (윤 전 총장을) 영입해야겠다면, 올 수 있는 여건과 상황을 만드는 게 필요하다"면서 "성사된다면 강력하고 당선 가능성 높은 대선주자가 아닐까"라고 내다봤다. 이어 윤 전 총장에 대해서도 "(국민의힘) 당 정체성이 께름칙하겠지만, 그렇다고 제3지대 세력을 만들 것인가"라며 "큰 선거일수록 거대 정당의 하부 조직이 중요하다. 1~2년 내 당을 만들어서 하는 건 어렵다"고 조언했다.

이제 윤석열의 선택만 남았다고 해도 과언이 아니다. 요 며칠 어떤 메시지도 나오지 않았다. 다만 정국 현황을 예의 주시하고 있을 것으로 본다. 윤석열의 힘은 국민의 지지에서 나온다. 섣불리 행동할 필요도 없다. 5월까지는 관망해도 된다. 6월부터 움직여도 늦지 않다. 국민도 그것을 바랄게다.

윤석열 지지율
40% 돌파도 가능하다

2021년
3월 15일

윤석열 지지율이 천정부지로 치솟고 있다. 마의 40% 돌파도 가능할 것 같다. 시간문제라고 본다. 그 이유는 간단하다. 적어도 상식 및 정의가 통하는 지도자로 각인되고 있기 때문이다. 반면 이재명과 이낙연은 그에 미치지 못하고 있는 게 사실이다. 민심은 정확하다. 이제는 거짓으로 눈가림을 할 수 없다. SNS 등으로 모든 정보가 공유되고 있어서다. 정직한 사람이 점수를 더 딸 수밖에 없는 구조라고 할 수 있다.

나는 작년 1월 17일 '윤석열 대망론(?)'이라는 제목의 오풍연 칼럼을 썼다. 당시는 대권주자로서의 윤석열 얘기가 거의 나오지 않을 때다. 그러나 20여 년 정치부 기자와 칼럼니스트로서 경험을 볼 때 가능성이 있다고 보았다. 그게 현실로 되어가지 않나 싶다. 이제 윤석열은 자연인이 아니다. 대권주자로 손색이 없다고 할 수 있다. 본인이 아직 어떤 말도 하지 않았지만, 바깥은 그렇게 받아들이고 있다.

"글쎄다. 윤석열이 보수를 대변하는 주자로 등극할 가능성도 없지 않다. 정치는 생물이라서 한 치 앞을 내다볼 수 없을 때도 있다. 다음 대선은 그럴 가능성이 있다. 윤석열의 임기는 내년 7월까지다. 다음 대선은 2022년 3월이다. 나는 윤석열이 검찰총장 임기(2년)를 채울 수 없을 것으로 예상한다. 윤석열이 옷을 벗는 순간 정치권에서 그를 그냥 놔두지 않을 터. 어떻게든 영입 전쟁을 벌일 것으로 점친다."

내 칼럼 중의 한 대목이다. 그대로 진행됐다고 할 수 있다. 15일 엄청난 조사결과가 나왔다. 윤석열의 지지율이 40% 턱밑까지 치고 올라간 것. 이는 자연스런 현상이다. 민심이 그렇게 움직였다. 그것을 뭐라고 할 사람은 없다. 여론조사 전문기관 한국사회여론연구소KSOI가 TBS 의뢰로 지난 12~13일 전국 만 18세 이상 성인 1,010명에게 정기 주례 여론조사(신뢰수준 95%, 오차범위 ±3.1%포인트)를 실시한 결과, 윤석열의 적합도가 37.2%로 이재명 경기지사(24.2%)와 이낙연 전 더불어민주당 대표(13.3%)를 10~20%포인트상 앞섰다. 지금 당장 투표할 경우 대통령은 윤석열이다.

지난 해 칼럼을 쓸 때는 윤석열의 지지율이 1%에 불과했다. 갤럽에 따르면 이낙연 전 국무총리(24%), 황교안 자유한국당 대표(9%), 안철수 전 바른미래당 공동대표(4%), 이재명 경기도지사(3%), 박원순 서울시장, 홍준표 전 자유한국당 대표(이상 2%)의 뒤를 이은 공동 7위로 집계됐다. 윤석열은 그 뒤 문재인 정권으로부터 온갖 박해를 당했다. 그 결과 중도 퇴진했고, 그것은 지지율 상승으로 이어졌다. 이래서 정치는 알 수 없다고 한다.

조국 마이웨이,
그러나 약발이 없다

조국은 정말 연구 대상이다. 누가 뭐라고 하든 자기 멋대로 한다. 학자의 고집이 있다고 할까. 윤석열 때리기는 멈춤이 없다. 그 같은 에너지가 어디서 나오는지 모르겠다. 이제 친문 등 극성 지지자 빼고는 조국의 말에 귀를 기울이는 사람도 없다고 할 수 있다. 우선 나부터 별로 관심이 없다. 주목할 필요성조차 느끼지 못하기 때문이다.

조국의 궤변이 계속되고 있다. 특히 윤석열에 대해 적개심을 나타내고 있다. 2019년 하반기부터 정치검사의 성향을 나타냈다는 것. 문재인 대통령도 예비 피의자로 봤다고 했다. 조국다운 해석이라고 할까. 윤석열이 미우니까 윤의 모든 행동을 그런 시각으로 본다. 기승전결 타도 윤석열이다. 이 같은 입장이 문 대통령, 나아가 여권에 도움이 되지 않으리라고 본다. 우선 국민들은 짜증난다. 허구헌날 윤석열만 때리는 까닭이다. 조국의 약발은 다했다. 그가 무슨 말을 하든 관심이 없다. 차라리 가만히 있는 게 더 낫다. 왜 그것을 모르는가.

9일에도 윤석열을 때렸다. 그는 "윤석열 총장은 박근혜 대통령 시절 '국정원 대선개입 사건'을 수사하려다가 불이익을 받았다. 이를 계기로 윤석열이라는 이름은 소신과 용기 있는 수사로 박해를 받는 검사의 상징이 되었다"면서 "그런데 2019년 하반기 이후 윤 총장은 문재인 정부를 집중 타격하는 일련의 수사를 벌여 보수 야권이 지지하는 강력한 대권 후보가 되었다"고 말했다.

조국은 또 논문을 쓰듯 윤석열을 평가했다. "2019년 하반기 이후 윤석열은 단지 '검찰주의자' 검찰총장이 아니라 '미래 권력'이었다"면서 "공무원인 윤 총장은 정치 참여를 부인하지 않았고, 대권 후보 여론조사에서 자신의 이름을 빼달라고 공식 요청하지 않았다. 언제나 자신을 대통령과 대척점에 있는 존재로 인식하게 만드는 언동을 계속했다. 그러니 자신이 법무부장관의 '부하'일 리 없다"고 해석했다. 조국스럽다고 할까.

그는 "유례없는 검찰의 폭주를 경험한 여권이 2012년 및 2017년 대선 공약인 수사와 기소 분리를 실현하기 위하여 '중대범죄수사청' 신설을 준비하자 이에 빌미로 (윤 전 총장이) 사표를 던졌다"면서 "여야 격돌과 접전이 예상되는 서울 및 부산 시장 재보궐선거 한 달 전이었다"고 사퇴시기에 대해서도 의문을 나타냈다. 다분히 정치적 계산이 깔려 있다는 뜻이다.

여기에 문 대통령까지 끌어들였다. 조국은 "공식적으로 2021년 3월 4일부터 윤석열은 '정치인'이 되었다. 그 이전에는 윤석열은 자신을 단지 '검찰총장'으로만 인식하고 있었을까?"라며 "두 명의 대통령을 감옥에 보낸 그는 어느 시점에 문재인 대통령도 '잠재적 피의자'로 인식하기 시작했다. 자신을 '미래 권력'으로 인식하기 시작했을 때부터였을 것"이라고 소설을 썼다.

정치적 해석은 누구나 자유다. 그러나 조국의 소설은 신빙성이 없다. 그가 콩으로 메주를 쑨다고 해도 믿을 사람은 많지 않을 게다. 게다가 말이 너무 많다. 안 끼는 데가 없을 정도다. 무인도에서 혼자 떠드는 것 같은 인상을 준다. 왜 그렇게 살까. 조국은 '중병'에 걸렸다.

추미애, 조국 협공에도
윤석열은 끄덕 안 한다

그들은 철천지원수가 됐다. 바로 조국, 추미애, 윤석열을 두고 하는 말이다. 예전부터 법무장관과 검찰총장이 찰떡궁합을 선보이지는 않았다. 경쟁 관계는 아니어도 상호 견제는 있었다. 검찰총장도 장관급. 특히 검찰 인사 때 신경전을 펴곤 했다. 다른 인사는 몰라도 대검 참모는 총장의 의견을 반영하는 게 관례였다. 그러나 문재인 정부에 들어 그 같은 관행이 깨졌다. 윤석열이 결정적으로 그만둔 이유이기도 하다.

조국도, 추미애도 연일 윤석열을 때리고 있다. 이에 윤석열은 대꾸도 하지 않는다. 대응할 가치가 없다고 판단한 것. 하지만 둘은 윤석열을 때리면 자신들의 존재감을 알릴 수 있으므로 앞으로도 계속될 것 같다. 이들은 기승전결 윤석열 타도다. 친문의 관심을 받고 싶어 하는 마음도 있을 게다. 가만히 있으면 잊혀지므로 전략적으로 그럴 수도 있다.

"(조국) 온 가족이 장하다." 추미애가 지난 5일 오후 유튜브 '김어준의 다스뵈이다'에 나와 한 얘기다. 그는 "당해보니까 알겠더라. 얼마나 저분이 힘들었을까? 참 장하다. 온 가족이 장하다"고 말했다. 또 "사모님이 현재 수감 중이다. 아내와 엄마가 수감 중이라는 걸 생각해보라. 어떻게 참아낼까"라며 안타까움을 드러내기도 했다.

추미애는 자신이 윤석열에게 한 짓은 생각하지 않고 있다. 사상 초유의 총장 징계도 했다. 걸핏하면 수사지휘권을 발동했다. 역대 그런 장관도 없었다. 윤석열이 당한 수모는 왜 거론하지 않는지 모르겠다. 그야말로 내로남불이다. 윤석열은 무시 작전으로 일관하고 있다. 추미애 말을 믿는 사람이 친문 말고는 그리 많지 않다는 것도 고려한 듯하다.

추미애는 이날 "후회되는 것도 있었다. 아픔을 좀 더 일찍 알았더라면, 그때 저는 당에 있었으니 당내 분위기를 알 수 있었다. 선거에 불리할까봐 (조 전 장관 사태에 대해) 거리두기했다"며 당내에서도 섣불리 대응하지 못하는 분위기가 있었다고 술회했다. 그러면서 "제가 버틸 수 있게 한 건 시민들이 보내주신 꽃이다"라고도 했다.

조국도 추미애와 다르지 않다. 틈만 나면 윤석열을 공격한다. 그는 6일 자신의 페이스북에 "'검찰당' 출신 세 명의 대권후보가 생겼다"면서 "1. 홍준표 2. 황교안 3.윤석열"이라고 적었다. 조국은 하루 전에도 '윤석열 검찰총장의 정치적 중립성과 직업윤리' '검찰의 탈선엔 끝까지 침묵… 정의도 상식도 선택적' '기업 협찬 대가성 입증… 윤석열 부인 곧 소환' 등 친정부 성향의 MBC·미디어오늘 기사를 자신의 페이스북에 공유하며 윤석열을 겨냥한 바 있다. 트위터에도 수시로 글을 올리거나 공유하고 있다.

추미애와 조국의 윤석열 공격은 생각해볼 필요가 있다. 지지층은 몰라도 국민들을 더욱 피곤하게 한다. 그것은 표로 연결될 가능성이 크다. 당장 이번 재보선에도 영향을 줄 것으로 보인다. 반면 윤석열은 나쁘지 않다. 가만히 앉아 있어도 스포트라이트를 받게 해줘 고맙다고 해야 할까.

20대 대통령과
윤석열 변수

다음 대통령이 누가 될지 관심을 갖는 것은 당연하다. 명색이 칼럼니스트를 자처하면서 오풍연 칼럼을 써온 지 오래됐다. 주로 정치 관련 글을 썼다. 자주 받는 질문이 있다. "다음 대통령은 누가 될 것 같아요?" 대답을 하기가 좀 그렇다. 나도 딱 집히는 사람이 없어서다. 그래서 솔직히 대답한다. "아직 알 수 없습니다. 조금 더 두고 보아야 할 것 같아요."

현재 대권후보 지지율은 그다지 의미가 없다고 본다. 무엇보다 윤석열 전 검찰총장 변수가 생겼다. 윤석열이 오는 7월 24일까지 임기를 채우고 그만두면 또 상황이 달라졌을 게다. 그때는 정치를 하려고 해도 시기적으로 너무 늦다. 윤석열이 그런 것까지 감안해 사퇴했는지는 모르겠다. 아마 그럴 개연성은 부인하지 못할 듯싶다.

정치에도 최소한의 시간이 필요하다. 대통령이 되려면 적어도 1

년은 잡아야 한다. 윤석열이 일단 그 시계에 맞췄다고 할 수 있다. 그가 정치를 할지, 대통령에 출마할지는 알 수 없다. 하지만 여러 가지 정황과 지인들의 말을 종합해 보면 정치를 할 가능성이 높다. 정부여당이 그를 정치의 세계로 끌어들인다고 할 수 있겠다. 핍박을 받으면서 영향력을 키웠기 때문이다. 윤석열이 가만히 있는다고 그대로 놔둘 리도 없다.

현재 가장 주목받는 사람은 윤석열이다. 이재명도, 이낙연도, 홍준표도, 정세균도 아니다. 그런 냄새는 언론이 먼저 맡는다. 윤석열의 일거수일투족이 모두 취재 대상이다. 언론에 노출되는 빈도만 보더라도 알 수 있다. 야권의 구심점이 된 것은 분명하다. 특히 국민의힘에 유력 주자가 없다보니 더욱 그렇다. 윤석열이 당장 움직일 것 같지는 않다. 집에서 쉬며 생각을 가다듬을 듯하다.

윤석열에 대한 견제도 시작될 게 틀림없다. 자연인 윤석열이 아니라 유력한 대권주자 윤석열로 볼 수밖에 없는 까닭이다. 그가 사퇴를 하면서 대권지도를 흐트려 놓았다. 원점에서 다시 시작한다고 해도 과언이 아니다. 현재 이재명이 지지율 1위를 달리고 있지만 그 또한 의미를 둘 수 없다. 이낙연은 더 답답해졌다. 이재명에 밀리고, 윤석열이라는 다크호스를 상대해야 하니 전략 마련이 어렵지 않겠는가.

야당은 반기는 모양이다. 국민의힘도, 국민의당도 윤석열과 손을 잡겠다고 한다. 번번한 대권주자가 없는 터라 윤석열에 대한 기대감이 없다고 하면 거짓말이다. 무소속 홍준표는 벌써부터 윤석열을 견제하기 시작했다. 윤석열이 뜨면 뜰수록 자신의 입지가 좁아지니 재를 뿌리고 나선 것. 홍준표가 또다시 대권에 도전하려면 윤석열을 넘어야 하는데 복병을 만난 셈이다.

윤석열도 가시밭길을 걸어야 한다. 특히 대권은 그냥 굴러 들어오지 않는다. 치열한 경쟁을 통해 그 자리에 오를 수 있다. 인기는 물론 조직도 있어야 한다. 제3지대 후보들이 모두 실패한 것은 조직이 없었던 탓이다. 그렇다면 제1야당을 노크해야 될 것이다. 그 선택도 윤석열의 몫이다. 대권주자 간 본격 경쟁은 지금부터라고 할 수 있겠다.

윤석열이
검찰을 떠난 날

#사직의 변: 저는 오늘 총장을 사직하려 합니다. 이 나라를 지탱해온 헌법정신과 법치 시스템이 파괴되고 있습니다. 그 피해는 고스란히 국민에게 돌아갈 것입니다. 저는 이 사회가 어렵게 쌓아올린 정의와 상식이 무너지는 것을 더는 두고 볼 수 없습니다. 검찰에서 제가 할 일은 여기까지입니다. 그러나 제가 지금까지 해온 것과 마찬가지로 앞으로도 어떤 위치에 있든 자유민주주의를 지키고 국민을 보호하기 위해 힘을 다하겠습니다. 그동안 저를 응원하고 지지해주신 분들, 그리고 제게 날선 비판을 해주신 분들께 감사드립니다.

#윤석열이 이겼다: 윤석열답다. 사의를 표명했다. 남자는 그래야 한다. 가장 타격을 크게 입을 사람은 문재인 대통령이다. 여권의 무리수가 결국 검찰총장의 사퇴를 가져왔다. 정부도 부담을 갖지 않을 수 없다. 당장 4·7 재보선에도 영향을 줄 것 같다. 내년 대선구도도 달라질 게 틀림없다. 윤석열이 야권의 구심점이 될 듯하다. 국민의 지지율이 급상승할 가능성도 크다. 윤석열은 지지 않았다.

#신현수 민정수석도 떠났다: 윤석열도, 신현수도 떠났다. 문 대통령으로선 걸림돌이 됐던 검찰출신들을 쳐낸 셈이다. 이게 비극이 될지도 모르겠다. 정상은 아니다. 비정상을 정상으로 돌려놓은 게 아니라 파국으로 몰고 가는 느낌이다. 윤석열도 그랬다. 상식과 정의가 무너지고 있다고. 내가 여러 차

례 지적해온 바이기도 하다. 상식은 어렵지 않다. 그런데 문재인 정권은 그 것마저 지키지 못하고 있다. 이제는 국민들이 심판해야 한다. 민심이 천심 이다.

#셋은 여전히 추태를 부린다: 조국, 추미애, 박범계 vs 윤석열. 체급부터 다 르다. 이들 셋이 윤석열에게 덤벼도 이길 수 없다. 국민들로부터 신뢰를 잃 었기 때문이다. 셋이 뭉쳐 윤석열을 공격하지만, 윤석열은 더 단단해지고 있다. 셋은 역대 최악의 법무장관으로 남을 터. 법무부가 어찌하다 이 지경 까지 추락했는지 모르겠다. 모든 것은 업보다.

2021년 3월 4일 하루 동안 일어났던 일이다. 모든 게 급박하게 일어났다. 문 대통령은 기다렸다는 듯 사의를 표명한 지 75분 만에 답을 내놓았다. 그것도 딱 한 줄이었다. "문재인 대통령은 윤석열 총장의 사의를 수용했습니다." 이게 전부였다. 불편한 심기를 드 러냈다고 할 수 있다. 다른 장관급 각료들이 사의를 표명했을 때와 달라도 너무 달랐다. 속 좁음을 보여주었다고 할까.

윤석열의 향후 진로는 알 수 없다. 그가 선택할 일이기 때문 이다. 그러나 여러 가지 정황을 볼 때 정치를 할 가능성이 높다. 자 의든, 타의든 간에 그렇다. 이미 상당한 지지율을 확보하고 있는 그다. 이제 자연인이 된 만큼 더 주목을 받을 게 분명하다. 황교안 전 총리와도 다를 것으로 본다. 황교안이 꽃길을 걸었다면 윤석열 은 지옥까지 경험했다. 훨씬 더 내공이 있다는 뜻이다.

윤석열이 한계가 없는 것도 아니다. 막상 정치판에 뛰어들면 또 다른 게 현실이다. 정치판은 그렇게 녹록지 않다. 그것을 극복해야 꿈도 이룰 수 있다. 윤석열 자신이 헤쳐나가야 할 몫이기도 하다.

윤석열을 투사로 만든 것은 정부여당이다

　지렁이도 밟으면 꿈틀한다. 지금 윤석열 검찰총장의 입장이 그렇다. 사실상 검찰을 폐지한다고 하는데 총장으로서 가만히 있을 사람은 없다고 하겠다. 여권은 검수완박(검찰 수사권 완전 박탈)을 밀어붙이고 있다. 검찰에 남겨둔 6대 범죄마저 빼앗아 중대범죄수사청(중수청)을 만들겠다고 한다. 그럼 검찰의 수사기능은 완전히 없어진다. 눈앞에서 이런 사태가 벌어지고 있는데 윤석열이 할 수 있는 일은 뭐겠는가.

　차분히 의견을 내라고 하는 사람도 있다. 그것은 모르고 하는 소리다. 그 당사자가 윤석열이라면 어떻게 할지 묻고 싶다. 그동안 여권의 행태를 보면서 그런 말을 할 수 있겠는가. 그들은 그냥 밀어붙였다. 상식도 없다. 목적을 위해서라면 수단과 방법을 가리지 않는 그들이다. 그래서 신독재라는 말도 나온다. 숫자의 힘을 믿고 그러한다.

　여기서 윤석열이 할 수 있는 것은 저항밖에 없다. 몸으로 막는 모습이라도 보여주어야 하기 때문이다. 속수무책으로 당하고 있으면 누가 좋겠는가. 이미 문재인 정권은 대화가 통하지 않는다는 것을 보여준 바 있다. 대화는 듣기 좋으라고 하는 말이다. 또 대화는 상식이 통해야 가능한데 이 정부는 그렇지 못하다. 내가 상식을 촉구했던 이유이기도 하다. 상식이 무너진 지 오래다.

윤석열이 3일 대구를 방문했다. 앞서 부산 광주 대전 등을 방문한 바 있다. 그 연장선에서 대구를 방문한 것이다. 윤 총장은 대구에서도 작심 발언을 했다. 의도적임은 물론이다. 그만큼 절박하다는 뜻이기도 하다. 이를 두고 정치적 행보라며 폄하하는 사람들도 있다. 하지만 윤석열로서는 중수청 설치를 막는 게 급선무라고 판단한 듯하다.

그는 이날 오후 대구고지검을 찾은 자리에서 취재진을 만나 "지금 진행 중인 소위 '검수완박'이라고 하는 것은 '부패완판(부패가 완전히 판침)'으로서 헌법 정신에 크게 위배되는 것"이라며 "국가와 정부의 헌법상 책무를 저버리는 것이라고 생각한다"고 강조했다. 앞서 보도된 언론 인터뷰에서는 "민주주의라는 허울을 쓰고 법치를 말살하는 것이며 헌법정신을 파괴하는 것" "어이없는 졸속 입법" 등의 다소 격한 언사로 '중수청 신설 반대' 의견을 드러냈다. 그런데 이날엔 한층 더 수위를 높였다.

윤 총장은 거침이 없다. '정치권 요청이 있으면 정치를 할 의향이 있나'라는 질문엔 "지금 이 자리에서 드릴 말씀은 아니다"라고 즉답을 피했다. '중수청 법안 추진이 강행되면 총장직에서 사퇴하겠나'라는 물음에도 "지금은 그런 말씀을 드리기가 어렵다"고 했다. 정계 진출 가능성을 완전히 닫지 않았다고 할 수 있다. 향후 행보는 물음표로 남겨두었다고 할까. 그의 전략적 행보로 비쳐지는 대목이랄 수 있다.

윤석열이 이 같은 행보를 이어나가자 여권이 부글부글 끓고 있다. 다만 민주당 지도부는 말을 아끼고 있다. 소속 의원들만 페이스북 등을 통해 윤석열을 공격하고 있다. 또다시 문재인 정부와 윤석열 대결 구도가 만들어졌다. 어떻게 결론이 날지는 미지수다.

윤석열,
"법치 말살하면
100번이라도 직을 걸겠다"

윤석열 검찰총장이 마침내 입을 열었다. 1일 국민일보와 가진 인터뷰에서 속마음도 털어놓았다. 윤 총장이 특정 언론과 인터뷰를 한 것은 취임 이후 처음이 아닌가 싶다. 장장 3시간 동안 열변을 토했다고 한다. 여권이 추진하고 있는 중대범죄수사청(중수청)에 대해서도 반대 의사를 분명히 밝혔다. 향후 여권과 윤 총장의 갈등을 예고한다고 하겠다.

윤 총장은 나름 대비를 많이 한 인상을 풍겼다. 그 자신이 이 분야 최고 전문가이기도 하다. 여권에 맞설 각오가 돼 있다는 것도 알린 셈이다. 법치 말살을 막을 수만 있다면 100번이라도 직을 걸겠다고 했다. 따라서 여권이 밀어붙일 경우 중도에 사퇴 카드를 내밀 가능성도 없지 않다. 윤석열이 자리에 연연할 리는 없다고 본다. 검찰청 폐지에 몸으로 맞서겠다는 뜻이기도 하다.

윤 총장은 이날 인터뷰에서 중수청 설치 추진과 관련해 "힘 있는 세력들에게 치외법권을 제공하는 것"이라며 "검찰 수사권의 완전한 박탈은 민주주의의 퇴보이자 헌법정신의 파괴"라고 말했다. 그러면서 "단순히 검찰 조직이 아니라 70여 년 형사사법시스템을 파괴하는 졸속 입법"이라며 수사청 설치 입법을 강하게 비판했다.

그는 "검찰을 정부법무공단처럼 만들려는데 이는 검찰권 약화가 아니라 검찰 폐지"라며 "직을 걸어 막을 수 있는 일이라면 100번이라도 걸겠다"고 강조했다. 아울러 수사·기소의 완전 분리에도 반대 의견을 분명히 했다. 윤 총장은 "고위공직자범죄수사처(공수처) 설치에도 찬성했지만, 검·경이나 수사·기소를 이분법적으로 바라보는 것은 경계한다"고 말했다. 국정농단 사건, 국가정보원 선거개입 사건 등을 언급하기도 했다. "이 사건들은 수사 따로 기소 따로 재판 따로였다면 절대 성공하지 못했다"고 덧붙였다.

윤 총장은 특히 검수완박(검찰 수사권 완전박탈)에 대해 "검찰을 흔드는 정도가 아니라 폐지하려는 시도"라며 "갖은 압력에도 검찰이 굽히지 않으니 칼을 빼앗고 쫓아내려 한다. 원칙대로 뚜벅뚜벅 길을 걸으니 아예 포크레인을 끌어와 길을 파내려 하는 격"이라고 했다. 그가 맨몸으로라도 막겠다는 의지를 드러냈다고 할 수 있다.

그는 "검찰은 진영이 없고 똑같은 방식으로 일해 왔다. 법정에서 살아 있는 권력과 맞서보지 않은 사람이라면 졸속 입법이 나라를 얼마나 혼란에 빠뜨리는지 모를 것"이라며 "전국의 검사들이 분노하며 걱정하고 있다. 국민들께서 코로나로 힘드신 줄 알지만 관심을 갖고 지켜봐 주시기를 부탁드린다"고도 당부했다. 국민의 검찰이 되겠다는 얘기다.

  윤 총장의 임기는 오는 7월 24일 끝난다. 임기를 다 채울지는 알수 없다. 직을 건다고 한 만큼 중수청 설치 추진이 쉽지만은 않을듯하다. 국민 여론도 무시할 수 없다. 따라서 검찰과 여권이 각각여론전을 전개할 가능성도 크다. 윤 총장의 이번 인터뷰도 같은 맥락으로 여겨진다. 여권이 윤 총장의 이 같은 언급에 어떻게 나올지도 궁금하다.

추미애는 가고, 박범계는 오고

#1: 추미애가 27일 법무부를 떠났다. 나는 줄곧 그를 비판했지만 개인적 감정은 없었다. 추미애의 공과는 역사가 평가할 터. 나도 더 이상 추미애를 언급할 일이 없을 것 같다. 칼럼니스트는 비판이 숙명적 업무라고 할 수 있다. 남을 비판하는 위치에 있는 만큼 나도 비판받을 각오가 돼 있다. 비판 역시 누구의 전유물도 아닌 까닭이다. 민주주의는 서로 비판할 수 있다. 다만 예의는 갖추어야 한다. 추미애의 앞날에 발전을 빈다.

#2: 박범계 법무장관. 조국 추미애 박범계로 이어진다. 뭐라고 할까. 장관감은 없었다. 코드 인사 그 자체다. 법무장관은 어느 각료보다 정의로워야 한다. 그런데 이들을 정의롭다고 할 수 있겠는가. 조국과 추미애는 한마디로 x판을 친 뒤 물러났다. 박범계는 어떨지 모르겠다. 조만간 있을 검찰 고위간부 인사가 주목된다. 추미애 같은 인사를 하면 안 된다. 검찰을 정상화시켜야 한다. 인사가 만사다.

내가 어제 페이스북에 올린 두 개의 글이다. 추미애는 떠났고, 박범계는 오늘 법무장관에 취임한다. 두 사람 모두에게 축하를 건넨다. 한 사람은 떠나서 정말 잘됐고, 또 한 사람은 앞으로 더욱 잘하라는 의미다. 조국과 추미애 당시 법무장관은 동네북이 되다시피 했다. 친문은 좋아하고, 응원했을지 모르지만 그 반대쪽에 있던 국민들은 그들의 모습을 보기조차 싫었다. 국민의 편을 갈라놓았던 사람들이다.

따라서 박범계는 할 일이 많다. 조직도 추슬러야 하고, 여론도 보살펴야 한다. 내가 제대로 된 인사를 강력히 주문하는 이유이기도 하다. 추미애 인사 스타일을 그대로 답습한다면 검찰의 중립이든, 독립이든 기대할 수 없게 된다. 추미애는 검찰 조직을 엉망진창으로 만들어 놓았다. 그러면서도 이임사는 자화자찬으로 가득했다. 잘 가라고 했지만 아쉬움이 많이 남는 대목이다. 최소한의 부끄러움도 모른다고 할까.

사람에게는 수오지심羞惡之心이 있다. 자기의 옳지 못함을 부끄러워하고, 남의 옳지 못함을 미워하는 마음이다. 조국이나 추미애에게는 이것이 없었다고 단언한다. 국민들로부터 미움을 산 까닭이랄 수 있다. 박범계는 이를 반면교사 삼아야 한다. 박범계 역시 법사위원으로 활동할 때 입이 거칠어 비난을 받기도 했다. 막가파식으로 행동해서는 안 된다는 뜻이다. 좀 점잖고, 어른스럽게 행동해 달라는 주문이다.

무엇보다 상식을 중시하면 된다. 추미애는 상식과 거리가 너무 멀었다. 완전히 내로남불이었다. 구성원들로부터 배척당하기도 했다. 그래서는 곤란하다. 박범계도 그런 처지로 몰리지 않기 바란다. 사실 어려울 것도 없다. 법무 행정도 상식을 바탕에 깔고 해나가면 될 일이다. 이성윤, 심재철, 이종근, 신성식, 박은정, 김관정 같은 검사들이 또 나오면 안 된다.

법무 검찰은 장관과 검찰총장이 협의해 운영해야 뒤탈이 없다. 박범계-윤석열 라인의 원만한 조합을 기대해 본다. 그게 국민의 바람이다.

이제
조국, 추미애, 김어준 차례다

2021년
1월 23일

　사람이 동물과 다른 점은 뭔가. 창피한 줄을 안다는 것이다. 자기가 저지른 잘못을 아는 것, 그게 바로 인간이다. 그 다음 단계는 뭘까. 사과다. 그것은 부끄러움을 인정한다는 뜻이기도 하다. 나는 대깨문(대가리가 깨져도 문재인)들에게도 요구한다. 더 늦기 전에 뉘우치기 바란다. 당신들이 그동안 한 짓을 알고 있는가. 나는 여러 차례 얘기한 바 있다. 역사에 죄를 지었다고.

　물론 인간은 착각 속에 산다고도 한다. 자기가 한 일을 합리화시킨다고 할까. 남들은 다 아니라고 하는데 자기만 옳다고 주장하는 것과 다름없다. 대깨문들이 그랬다. 그들의 생각도 자유일 수는 있다. 하지만 그 자유도 이성을 잃으면 안 된다. 대깨문들은 이성을 잃을 때가 많았다. 상식적으로 이해할 수 없는 경우가 한두 번이 아니었다.

　나는 어제 생전 처음으로 유시민을 칭찬한 바 있다. 그가 과거 잘못을 뉘우쳤기 때문이다. 유시민은 그래도 양심적이다. 그렇다. 사람에게는 이처럼 양심이 남아 있다. 유시민 말고 몇 사람에게도 양심을 호소한다. 정말 잘못했다고 빌고 새사람이 되었으면 한다. 대표적으로 세 사람을 꼽겠다. 조국 추미애 김어준. 민주당에 덜 떨어진 의원들도 많지만 그들은 논외에 부치겠다.

먼저 조국. 여전히 나쁜 짓을 하고 있다. 본인 자신만 억울하다고 주장한다. 예전에 정의를 부르짖던 조국은 없다. 그 시절, 그 잣대로 돌아가면 답이 나온다. 지금 조국이 하는 짓은 비웃음거리만 제공한다. 왜 자기 자신을 모르는가. 조국은 인간이 얼마나 겉과 속이 다른지 보여주었다. 내로남불의 극치였다. 내가 보건대 조국은 평생 사과하지 않을 사람이다. 한마디로 불쌍한 인간이다.

다음은 추미애. 뻔뻔하기로 따지면 대한민국 최고다. 내가 가장 싫어하는 인간 유형이기도 하다. 어쩌다가 이렇게까지 타락했는지 본인 자신도 모를 것 같다. 악순환의 연속이었다. 그가 오로지 기댔던 대상이 있다. 대깨문들이 그들이었다. 추미애가 일탈행동을 거듭할수록 대깨문들은 그에게 환호를 보냈다. "우리들의 구세주"라고. 아마 다음 대통령 선거에도 나올 가능성이 크다. 그 환상을 벗어나지 못해서.

김어준, 내가 처음으로 그를 공식 비판하는 것 같다. 김어준은 어떤 사람인가. 정말 별 볼일 없는 사람이다. 그런데 유명 인사가 됐다. 김어준 역시 대깨문을 등에 업었다. 김어준이 지시하면 대깨문들이 움직인다. 그래서 '총수'라고 하는지도 모르겠다. 김어준도 하나의 현상이기는 하다. 그러나 비뚤어진 우상이다. 민주주의 발전에 전혀 도움이 되지 않는다. 그런 사람이 마이크를 잡는 것 자체가 잘못됐다.

사람은 부끄러운 줄 알아야 한다. 유시민이 그것을 보여주었다. 유시민에게서 배워라. 아마 유시민은 속도 후련할 게다. 마음속에 있던 짐을 벗어버렸으니 말이다. 그런 말도 있지 않은가. "자수해서 광명 찾으라"고. 나는 조국 추미애 김어준이 잘못한 것을 반성한다는 소리를 듣고 싶다. 꼭 그래야 한다. 그들 역시 부끄러움을 안다면.

윤석열, 이재명 이낙연과
양자대결서도 앞서간다

    못 말리는 게 민심이라고 한다. 윤석열 신드롬이 그렇다. 현재 임기제 총장으로 직무에 충실하고 있는데 대권주자 반열에 올라 여당 후보들을 압도하고 있다. 지지율 선두권을 형성하고 있는 이재명 이낙연과의 양자대결서도 앞섰다. 이 같은 현상을 무엇이라고 할까. 민심이라고 할 수밖에 없다. 그것은 뜯어말릴 수도 없다. 도도히 흐르는 물과 같다.

    윤석열 현상이 언제까지 갈 지는 알 수 없다. 하루아침에 꺼지기도 하는 게 인기다. 그러나 윤석열은 조금 다른 것도 사실이다. 매를 맞으면서 탄탄한 팬덤을 형성했기 때문이다. 문재인 정권이 윤석열을 때릴수록 그의 인기는 더 올라갔다. 여권도 긴장할 만하다. 이러다가 윤석열에게 정권을 내줄 수도 있다고 생각할 법하다.

    문 대통령이 어제 열린 신년 기자회견에서 의미심장한 말을 했다. "윤석열은 문재인 정부 검찰총장"이라고 했다. 윤석열을 끌어안으려는 시도로 해석될 수 있다. 또 발을 묶어 놓으려는 의도가 있어 보인다. 정치인이 아니라 관료라는 얘기다. "정치할 생각을 하면서 검찰총장 역할을 하고 있다고 생각하지는 않는다"고도 덧붙였다.

윤석열은 이낙연과의 가상대결에서 46.8%대 39.0%로 오차 범위 밖 승리를 거뒀다. 또 이재명과의 가상대결에서는 45.1%대 42.1%로 눌렀다. 여론조사 전문회사인 윈지코리아컨설팅이 19일 내놓은 여론조사 결과(아시아경제 의뢰, 지난 16~17일 전국 만 18세 이상 남녀 1,009명 대상, 표본오차 95% 신뢰수준에 ±3.1%P)다. 여권이 긴장할 만한 수치다.

문제는 윤석열이 정말 정치를 할 것이냐다. 나는 윤석열이 정치를 할 가능성이 60%쯤 된다고 내다본 바 있다. 그러나 정치를 하지 않을 것이라고 보는 사람들이 더 많은 것도 사실이다. 여론조사에서도 드러났다. '윤 총장이 차기 대선에 출마할 것으로 생각하느냐'는 질문에 45.9%는 '출마하지 않을 것', 33.9%는 '출마할 것'이라고 응답했다. '잘 모르겠다'는 응답은 20.2%였다.

윤석열 자신도 대권과는 거리를 둘 듯하다. 설령 대권에 관심이 있어도 지금부터 신경을 쓸 필요는 없다. 거듭 강조하지만 오는 7월 24일 임기를 마친 뒤 생각해도 늦지 않다. 다른 정치인들과 행보를 같이할 이유가 없어서다. 그때도 정말 국민들이 윤석열을 원한다면 자의 반, 타의 반으로 출사표를 띄울 수도 있다. 윤석열은 선택지가 많다고 할 수 있다.

윤석열이 쓸 수 있는 전략은 신비주의다. 대권에 관해서는 한마디를 할 리도 없다. 가만히 있어도 되는 까닭이다. 민심이란 그렇다. 윤석열이 그대로 있는다고 인기가 식을 것 같지는 않다. 이재명이나 이낙연 등은 너무 노출돼 있어 흠집이 날 가능성도 작지 않다. 그들의 인기가 떨어지면 오히려 윤석열이 반사이익을 챙길 수도 있다.

윤석열을 대신할 만한 후보가 나올 수 있을까. 현재로서는 기대하기 어려운 실정이다. 특히 대권주자는 오랫동안 다듬어지기에.

윤석열만
30% 벽을 깼다

2021년
1월 3일

　윤석열의 질주가 무서울 정도다. 가만히 있는데도 대권주자 지지율은 치솟고 있다. 여야 통틀어 처음으로 지지율 30%를 돌파했다. 나는 일시적 현상이 아니라는 점을 여러 차례 강조한 바 있다. 이 같은 흐름은 앞으로도 계속될 가능성이 크다. 윤석열은 대권에 관한 한 신비주의 노선을 걷고 있다. 그것은 잘하는 일이다. 지금까지 대권의 '대'자도 꺼내지 않았다.

　여론조사에 왜 윤석열을 넣느냐고 따지는 사람도 있다. 이는 모자라는 사람이 지적하는 것이다. 이미 윤석열은 대권 후보로 국민들 마음속에 자리잡았다. 그런 사람을 넣지 않는다면 그게 더 이상하다. 넣고 빼는 것도 여론기관의 자유다. 그것을 왈가왈부해서는 안 된다는 얘기다. 윤석열이 뜨니까 그것을 막아보자는 속셈이 읽힌다.

　윤석열은 법치法治의 상징으로 떠올랐다. 그 다리는 추미애가 놓아 주었다. 윤석열을 쳐내려고 별짓을 다 했지만 모두 실패로 돌아 갔다. 그러면서 윤석열은 더 떴다. 추미애에게 고마워해야 할 것 같다. 이처럼 주목받는 게 쉽지 않아서다. 정치인들이 인기를 얻으 려고 수단과 방법을 다하지만 뜨지 않아 발을 동동 구른다. 하지만 윤석열은 그 반대다. 느긋하게 있어도 지지율이 오르니 말이다.

여론조사전문회사 리얼미터가 YTN 의뢰로 지난 1~2일 전국 만 18세 이상 유권자 1,000명을 대상으로 실시한 여야 차기 대선주자 선호도 조사에서 윤석열 검찰총장이 30.4%로 1위를 차지했다. 2위 는 20.3%를 받은 이재명 경기도지사로 나타났다. 새해 첫날 박근 혜 이명박 사면론을 제기한 이낙연 민주당 대표는 15%를 받아 3위 에 머물렀다.

30%의 의미는 작지 않다. 이런 추세를 밀고 나간다면 여야 어느 후보도 윤석열을 당해내기 어렵다. 그것은 국민들 손에 달렸다. 윤 석열이 지금 당장 정치판에 뛰어들 리 없어서다. 국민들이 윤석열 을 지켜주지 않을까 생각한다. 여도, 야도 윤석열 변수를 고려하지 않을 수 없을 게다. 나는 윤석열이 국민 후보로 우뚝 설 가능성도 있다고 내다보았다. 여야 정당이 아닌 제3지대 후보로 나가도 승 산이 있다는 뜻이다.

여야도 발등에 불이 떨어졌다. 윤석열을 능가할 사람을 찾아야 한다. 만약 이재명이나 이낙연 둘 중 한 명이 윤석열과 1대1로 맞붙는다면 이길 수 있을까. 나는 어렵다고 본다. 윤석열은 이번 갈등 과정에서 뚝심도 보여주었다. 국민들이 좋아할 타입이다. 반면 이재명과 이낙연은 2% 이상 부족하다. 이 둘에게는 윤석열을 따라잡아야 하는 지상과제가 떨어졌다. 우선 여론조사에서 밀리면 그 다음을 기대하기 어렵다.

현재 윤석열 말고는 다크호스가 없다고 할 수 있다. 아마 나오리라고 예상한다. 절대 강자가 없기 때문에 그렇다. 정치는 바람을 탄다. 백마 탄 왕자가 더러 나타나기도 한다. 따라서 다음 대통령 선거는 아직 오리무중이라고 보아야 할 것 같다. 40% 지지율 후보가 나오기 전까지는.

이재명 느긋,
윤석열 침묵,
이낙연 초조

신문과 방송 등 주요 언론이 대선주자 지지율을 보도했다. 여기서 웃은 사람은 이재명 경기지사다. 10여 곳 중 두 군데를 빼곤 이재명이 1위였다. 나머지 두 곳은 윤석열 검찰총장이 1등을 했다. 이낙연 민주당 대표는 모두 3위다. 이 같은 추세가 당분간 이어질 공산이 크다. 현재 이들을 제치고 올라오는 사람이 보이지 않아서다.

이재명은 굳히기 작전을 펼 것 같다. 이낙연을 완전히 따돌렸다고 생각할 법하다. 오차 범위 이상으로 격차가 벌어졌다. 그럼 이낙연이 이재명을 제치기 어렵다. 둘은 컬러가 완전히 다르다. 이재명은 변한 게 없다. 예전 색깔 그대로라고 보면 된다. 그러나 이낙연은 딱 집어 컬러를 말하기 어렵다. 자기만의 색깔을 내는 데 실패했다고 할 수 있다.

정치는 참 쉽지 않다. 이렇게 하면 표가 나올 것 같지만, 그 반대로 나타나는 경우도 적지 않다. 추미애–윤석열 갈등 국면에서 이낙연은 추미애를 적극적으로 밀었다. 그 결과는 지지율 하락으로 나타났다. 아마 이낙연 측은 표가 더 모이지 않을까 기대했을 게다. 이른바 친문에 기대려다 손해를 보았다고 할까. 그것 역시 누굴 원망할 수 없다. 이낙연 자신이 선택했기 때문이다.

이재명도 통틀어 1위를 달리고 있지만 안심할 수는 없다. 다음 대통령은 이재명이라는 등식이 성립되지 않아서다. 이전 대통령 선거에서는 박근혜, 그 다음은 문재인이 절대강자였다. 현재 이재명을 절대강자로 보지는 않는다. 무엇보다 친문그룹에서 이재명을 탐탁치 않게 여긴다. 마지못해 밀지언정 여차하면 바꿔치기를 할 가능성이 높다고 본다.

아마 친문은 이재명도, 이낙연도 들었다 놓았다 할 것이다. 이 재명은 버틸 힘이라도 있지만 이낙연이 버티기는 어려울 것으로 예상한다. 친문이 언제 칼을 빼들지는 알 수 없다. 최소 2~3차례는 시도하지 않을까 내다본다. 민심을 등에 업어야 이를 견뎌낼 수 있다. 나는 이재명을 극도로 싫어한다. 하지만 이재명은 20% 안팎의 견고한 지지층이 있다. 그의 가장 큰 무기라고 할 수 있다.

이낙연은 고정 지지층이 없다. 이낙연 지지자들은 언제든지 신발을 바꿔 신을 수도 있다. 사실 3등도 불안하다고 하겠다. 뭔가 돌파구를 마련해야 한다. 박근혜, 이명박 사면 얘기를 꺼낸 것도 이런 분위기와 무관치 않다. 이낙연은 더 강함을 보여주어야 한다. 당 대표를 하면서 리더십을 제대로 보여주지 못했다. 당내 강경파들은 여전히 이낙연과 궤를 달리한다. 이낙연의 말도 먹히지 않는다는 얘기다.

반면 윤석열은 따로 신경 쓸 필요는 없다. 몇 번 얘기한대로 묵묵히 총장 업무를 수행하면 된다. 야권에 윤석열을 대신할 만한 사람이 나타나지 않아서다. 지금 거론되는 홍준표, 유승민, 오세훈, 원희룡은 윤석열 팔꿈치도 따라가지 못하고 있는 상황이다. 다시 말해 대안부재로 윤석열에게 팔을 벌리는 상황이 올 것 같다. 그때 판단해도 손해 볼 것은 없다. 윤석열다움만 잃지 않으면 된다. 그의 뒤에는 국민들이 있다. 국민 후보 가능성도 있다는 뜻이다.

2장

2020. 12

문재인 대통령을
욕보이는 그들

정녕 하늘이 무섭지 않은가. 우리 사법부의 판단마저 부정한다면 나라를 떠나는 게 맞다. 추미애, 민주당 일부 의원들, 대깨문을 두고 하는 말이다. 민주주의를 파괴하려고 작심한 듯하다. 그럼 국민들에게 불편과 혼란을 드렸다며 사과한 문재인 대통령은 뭣이 되는가. 대통령의 사과가 쇼였던지, 레임덕 중 하나가 된다. 나는 그 사과가 쇼라고 보지는 않는다. 그렇다면 레임덕이 왔다고 보아야 할 것 같다. 친위세력에 의한 쿠데타라고 할 만하다.

이들의 논리를 보면 황당하기 짝이 없다. 어느 나라에서 왔는지 묻고 싶을 정도다. 자기들 보고 싶은 것만 보고, 입맛대로 해석한다. 추미애와 김두관이 앞장서는 형국이다. 둘은 얼굴 두껍기로 막상막하다. 특히 추미애는 서울 동부구치소 재소자 대량 감염사태에 대한 책임이 막중한데도 딴짓을 하고 있다. 문 대통령에게 대드는 듯한 인상도 지울 수 없다.

추미애는 29일 밤 페이스북에 "법원은 징계위원회의 기피 의결이 의사정족수를 채우지 못했다고 판단했다"면서 "이런 법원의 주장은 받아들이기 힘들다"고 주장했다. 앞서 서울행정법원 행정12부(부장판사 홍순욱)는 지난 24일 윤석열 검찰총장이 법무부장관을 상대로 낸 집행정지 신청을 일부 인용하며 징계위 재적위원 3인 만으로 한 기피 의결과 징계 의결은 의사정족수에 미달해 무효라고 판단했다. 징계 절차를 문제 삼았던 것.

이에 대해 추미애는 법원의 판단이 잘못됐다고 주장했다. 그는 "위원회의 기피 신청 기각 절차는 적법했다"면서 "기피 신청을 받은 사람은 '의결'에만 참여하지 못할 뿐이고, 회의에 출석하면 회의 시작과 진행에 필요한 '의사정족수'에는 포함된다"고 밝혔다. 7명 중 과반수인 5명이 출석했고 5명 중 과반수인 3명의 찬성으로 기피 여부를 의결했으니 문제가 없다는 논리다. 그러면서 "법원의 판단에 큰 오해가 있었던 것 같다는 것이 소송대리인과 다수의 법률 전문가 의견"이라고 했다. 아울러 법원 결정문 중 8쪽을 페이스북에 게시하며 "여러분 판단은 어떠신가요?"라고 물었다.

추미애의 속셈은 뻔하다. 윤석열 탄핵에 힘을 보내는 등 타격을 주겠다는 의도다. 한마디로 무서운 사람이다. 아니 징그럽다고 해야 할 듯하다. 김두관, 박주민, 김용민, 김남국, 황운하, 최강욱 등 한참 모자란 의원들과 소통을 하고 있는 모양이다. 이들 의원들은 또라이다. 앞뒤도 가리지 못하고 미쳐 날뛴다. 어떻게 한 나라의 장관이 미친 사람들과 함께할 수 있다는 말인가. 정말 부끄러워 할 줄 알아야 한다.

김두관은 꼬마대장이 됐다. 당 지도부의 뜻과 달리 윤석열 탄핵을 거듭 주장하고 있다. 김두관 자신은 소기의 성과를 거뒀다고 할 수 있다. 꼴통 짓을 함으로써 이름을 알리는 데는 성공했다. 그 이상도 이하도 아니다. 더 까불면 혼내준다고 경고라도 해야 한다. 이런 사람들에게는 몽둥이밖에 없다. 말을 듣지 않으니 말이다. 차라리 추미애 등과 합쳐 신당을 하나 만들어 나가라. 민주당 안에서도 그러기를 바라는 사람들이 적지 않을 것 같다.

추미애, 윤석열 탄핵은 꿈도 꾸지 말라

2020년
12월 29일

"그날이 쉽게 오지 않음을 알았어도 또한 그날이 꼭 와야 한다는 것도 절실하게 깨달았다." 추미애가 지난 27일 밤 페이스북에 올린 글이다. 아직도 윤석열에 대한 증오심이 가득하다. 졌으면 패배도 인정할 줄 알아야 한다. 문재인 대통령까지 사과했는데도 말이다.

어찌됐든 문 대통령의 체통을 구기게 한 사람은 추미애다. 옛날같으면 역적으로 몰려 벌써 목이 달아났을 게다. 추미애는 부끄러움이 없다. 자기 때문에 나라가 난리나고 법무부는 쑥대밭이 됐는데 고개를 안 숙인다. 뻔뻔함은 가히 천하제일이다. 하지만 이미 죽은 목숨이다. 누굴 원망하랴. 모두 자기 탓인 걸.

추미애는 28일에도 꿈틀댔다. 죽지 않았다는 것을 보여주려는 몸부림처럼 보인다. 그는 이날 오후 자신의 유튜브 채널 커뮤니티에 '윤석열 탄핵, 역풍은 오지 않는다'는 제하의 민주당 민형배 의원이 작성한 글을 소개했다. 이는 말할 것도 없다. 윤석열 탄핵을 촉구했다고 할 수 있다. 윤석열 검찰총장 직무복귀 이후 직접적인 의사표명을 피해왔던 터라 관심을 끌기에 충분했다.

더군다나 추미애 자신에 대한 재신임 청원도 40만을 돌파해 자신감(?)을 얻은 것 같기도 하다. 추미애는 자기에게 유리한 것은 모두 갖다 붙이려 한다. 모자라는 사람들이 하는 짓이라고 할 수 있다. 그럼 패배의 수렁에서 벗어나올 수 없다. 패배도 인정할 줄 알아야 다음도 도모할 수 있는데 그것을 모른다. 그래서 안타까운 마음도 든다.

추미애는 민 의원의 글 가운데 '탄핵은 자연인 윤 총장에 대한 단죄가 아니다. 수구카르텔의 중심 역할을 하고 있는 검찰조직의 예봉을 꺾어야 나머지 과제들의 합리적, 효율적 배치가 가능하기 때문에 탄핵은 꼭 필요하다'는 부분을 발췌해 강조했다. 민주당 인사들과 지지층에게 윤 총장 탄핵을 추진하라는 메시지를 보낸 것으로 해석할 수 있다.

추미애가 하는 짓을 보면 젖비린내가 난다. 유아틱하다고 할까. 꼭 투정을 부리는 어린애 같다. 버스는 이미 지나갔다. 그런데 손을 들고 있다. 탄핵은 어림없는 소리다. 추미애도 판사 출신이다. 황당하다는 것을 그 자신도 알텐데 그것에 묻어가려 한다. 심보가 아주 나쁘다. 문 대통령을 거듭 골탕 먹이려는 술책에 지나지 않는다.

민주당 안에서 강경파로 불리는 설훈 의원마저도 고개를 갸우뚱했다. 그게 상식이다. 설훈 의원도 한 라디오 방송에 나와 "헌법재판소에서 통과될 것인가에 대해 솔직히 자신이 없다"며 "역풍을 맞을 소지가 있다"고 말했다. 탄핵을 한번 추진해 봤으면 좋겠다. 어떤 일이 벌어질지. 국민들이 가만히 있으리라고 보는가. 문재인 정권 타도에 발 벗고 나서리라고 본다. 정권 몰락을 보고 싶다면 그렇게 해라.

거듭 말하지만 대깨문들은 나라를 망치는 데 일조하는 사람들이다. 그들의 목소리에 귀를 기울일수록 나라는 기운다. 문재인 정권이 사는 길은 분명해졌다. 대깨문들과 거리를 두는 것이다. 뒤늦게 후회하지 말라. 경고한다.

윤석열 대선주자로
더 우뚝 섰다

윤석열의 업무 복귀로 대선 판도도 크게 바뀔 것 같다. 윤석열은 선택지가 아주 넓어졌다. 가만히 있어도 된다. 따로 후보 경쟁을 할 필요도 없다. 국민들이 그를 지지하고 있는 까닭이다. 직무를 정지당했다가 두 차례나 복귀함으로써 불사조 이미지도 각인시켰다. 윤석열만 가진 비장의 무기라고 할 수 있겠다. 전화위복이 됐다고 할까.

윤석열은 법치의 상징으로 자리잡았다. '미스터 법치'라고 할 만하다. 법을 통해 구제를 받았기 때문이다. 사실 윤석열에 대한 직무정지나 징계는 폭력이나 다름없었다. 그것을 정권 차원에서 밀어붙이려고 했지만 법원에 의해 제동이 걸린 셈이다. 윤석열이 잠재적 대권주자여서 그 폭발력이 크다. 박해를 뚫고 일어섰다는 인상을 심어주었다.

일단 윤석열은 내년 7월까지 임기 2년을 채울 것으로 본다. 그

임기도 쟁취했다고 볼 수 있다. 만약 대선에 나간다면 엄청난 플러스가 될 게다. 국민은 강인한 지도자를 원한다. 현재 거론되는 어떤 대권주자도 윤석열에 버금갈 수 없다. 윤석열은 되레 문재인 정권에 고마워해야 한다. 강인한 지도자를 만들어준 사람도 바로 문재인 대통령이다. 정말 아이러니다.

윤석열은 앞으로 대권의 '대'자도 꺼내지 않을 것이다. 정치는 그 다음 생각해도 늦지 않다. 오로지 그의 판단에 달렸다고 할 수 있다. 가장 답답한 것은 야당인 국민의힘이다. 윤석열이 있는 한 어떤 후보도 주목을 받기 어렵게 됐다. 고만고만한 후보들끼리 경쟁하는 것은 의미가 없다. 윤석열이 뛰어들면 판도가 달라질 게 틀림없다.

어쨌든 윤석열은 야권 후보로 거론된다. 그가 여당으로 갈 리는 없어서다. 김종인 국민의힘 비대위원장은 윤석열을 여당 사람이라고 했다. 일부러 그런 말을 했다고 해도 정치감각이 없기는 마찬가지다. 자다가 봉창 두드리는 것과 다름없는 까닭이다. 차라리 안철수를 평가한다. 안철수는 대권후보로는 안 될 것으로 미리 판단하고 서울시장 선거에 뛰어들었다. 안철수는 자기 분수를 안다고 할 수 있다.

윤석열이 대선에 뛰어들까. 나는 그 가능성이 더 높아졌다고 본다. 다른 후보와 달리 1년 전쯤 뛰어들지 않아도 된다. 이미 지명도 등을 충분히 쌓아놓은 터라 본인 결심만 남겨 둔 셈이다. 본인이 출마하지 않더라도 킹메이커 역할은 할 수 있다. 윤석열이 누구를 미느냐에 따라 판도가 달라질 가능성이 높다. 최종적인 판단은 윤석열 몫이다.

민주당도 윤석열 대항마를 찾지 않을 수 없을 것 같다. 윤석열 출마를 예상해 맞춤형 후보를 골라야 한다는 뜻이다. 따라서 지금 지지율은 그다지 의미 없을 듯하다. 친문의 영향력도 크게 줄어들 것으로 본다. 친문에 대한 거부감이 더 커진 탓이다. 친문도 너무 오만했다. 그들의 몰락을 보는 느낌이 든다. 하지만 마지막 발악을 할지도 모른다. 그럼 또다시 무리수로 이어질 터. 윤석열에게 배워라. 상식을.

윤석열 죽이기 실패, 이제 뭐라고 할 건가

문재인 정권의 위기다. 결국 윤석열이 이겼다. 아니 정의의 완승이라고 해야 되겠다. 윤석열을 죽이려고 발버둥 쳤지만 실패로 돌아갔다. 이에 대해 누군가는 책임을 져야 한다. 문재인 대통령이 사과해야 한다. 추미애 사퇴로만 끝날 일이 아니라고 본다. 윤석열뿐만 아니라 국민에게 머리를 숙여야 한다. 민주주의를 파괴하려고 했지만 뜻을 이루지 못했다고 할까.

역대 초유의 검찰총장 징계. 말도 안 되는 이유로 쫓아내려다 도리이 되치기를 당한 셈이다. 정부는 폭력을 행사했고, 윤석열은 법으로 맞섰다. 법은 정의로웠다. 대통령도 법을 뛰어넘을 수 없다는 점을 보여주었다. 이 같은 재판부의 결정에 경의를 표한다. 지극히 당연한 판단을 했다. 대깨문들이 정경심 재판부처럼 또 탄핵한다고 달려들지 모르겠다.

서울행정법원 행정12부(재판장 홍순욱)는 24일 밤 윤석열 검찰총

77

장이 추미애 법무부장관을 상대로 신청한 징계처분 효력 집행정지 신청을 일부 받아들였다. 재판부는 이날 "대통령이 지난 16일 신청인(윤 총장)에 대해 한 2개월의 정직 처분은 이 법원 징계처분 취소청구의 소 사건의 판결선고일부터 30일이 되는 날까지 그 효력을 정지한다"고 밝혔다.

이에 따라 윤 총장에 대한 징계는 징계 처분의 취소를 구하는 본안 소송의 판결이 나온 뒤 30일까지 효력을 잃게 된다. 사실상 본안 판결이 윤 총장의 임기가 끝나는 내년 7월까지도 나오기 어려운 점을 고려하면 법원의 이번 결정으로 윤 총장의 징계는 무력화된 것으로 볼 수 있다. 윤석열이 압승을 거뒀다고 할 수 있다.

이로써 윤 총장은 지난 16일 이후 8일 만에 또다시 직무에 복귀했다. 앞서 지난달 24일 추미애 법무부장관이 징계를 청구하고 직무를 배제하자 이에 대한 집행 정지 신청을 제기한 윤 총장은 지난 1일 서울행정법원이 이를 인용하자 일주일 만에 직무에 복귀하기도 했다. 윤석열은 불사조라고 할 수 있다. 문재인 정권이 그렇게 만들었다. 억지를 부린 결과다.

나는 문 대통령의 재가를 폭넓은 통치행위로 볼지 주목했다. 정직 2개월의 징계에 이르는 과정은 위법, 탈법, 편법이 판을 쳤다. 대통령도 그것을 묵인했는데 법원이 바로잡았다고 할 수 있다.

아직 청와대의 반응은 나오지 않았다. 엄청난 충격에 빠졌을 것 같다. 이럴 때일수록 솔직해야 한다. 그간의 잘못을 시인하고, 고개를 숙여야 한다. 아니면 사법부 탓을 할까. 지금까지 발광(?)을 한 것만으로도 충분하다. 더는 실망을 시키지 말라.

　대한민국의 법치는 죽지 않았다. 그래도 사법부가 중심을 잡아주기에 희망이 있다. 대통령의 재가 역시 일종의 공권력으로 볼 수 있었다. 그 공권력은 정당하게 행사되어야 한다. 이번처럼 궤도를 이탈하면 철퇴를 맞게 된다. 이번마저도 추미애에게 모든 책임을 미루려 해서는 안 된다. 전적으로 대통령, 문재인 책임이다. 문 대통령이 고개를 숙이지 않으면 더 큰 화를 입을지 모른다. 민심을 이기는 정치는 없다.

문재인-윤석열 돌아올 수 없는 다리를 건넜다

　임명권자인 대통령과 한 판 뜨는 나라. 바로 대한민국이다. 민주주의의 완성으로 보아야 할까. 씁쓸하다. 물론 윤석열 정직 2개월은 부당하다. 소가 웃을 이유로 그런 결정을 내렸다. 문재인 대통령은 그것을 최종 재가했다. 때문에 전선이 문재인 vs 윤석열 구도로 바뀌었다. 대통령과 현직 검찰총장이 맞장 뜬다고 할 수 있다.

　승패를 떠나 안타까운 일이 아닐 수 없다. 이런 구도를 만든 사람도 문재인이다. 이제 재가는 취소할 수도 없다. 윤석열이 스스로 물러나지 않는 한 법원의 판단을 기다릴 수밖에 없다. 법원도 윤석열 손을 들어줄 것으로 본다. 징계 결정에 이르기까지 편법·불법이 난무했기 때문이다. 윤석열이 이겨 임기를 모두 채운다고 하자. 그게 진정 검찰의 중립과 독립을 위한 길일까. 내가 윤석열에게 이미 이겼으니 이쯤에서 자진사퇴 하라고 한 이유다.

　문재인과 윤석열은 돌아올 수 없는 다리를 건넜다. 어깨를 두드려주던 사이에서 원수지간이 됐다. 다른 나라에서 이런 일이 있으면 우리는 뭐라고 할까. 아마 후진국이라고 할 게다. 정상적인 나라라면 생각할 수 없는 일이다. 정의와 법치의 맥락에서 보아야 한다는 주장도 많다. 윤석열이 끝까지 싸워야 한다는 논리다. 이를 두고 정치권도, 여론도 나뉘었다. 이것 또한 불행한 일이다.

윤 총장이 17일 밤 '정직 2개월'의 징계 처분을 취소해 달라며 소송을 제기했다. 아울러 징계처분 취소 소송 결과가 나올 때까지 총장직을 수행할 수 있도록 징계 효력을 멈춰달라는 집행정지 신청도 함께 했다. 이미 예고했던 일이기도 하다. 윤 총장 측 이완규 변호사는 기자들에게 보낸 입장문에서 "오늘 오후 9시 20분쯤 전자소송으로 행정소송을 제기하고 집행정지를 신청했다"고 밝혔다. 문 대통령의 징계 처분 재가 이후 만 하루 만에 법적 대응에 나선 셈이다. 윤 총장 측은 "징계 심의가 절차적으로 위법하고 징계 사유도 사실과 달라 징계가 취소돼야 한다"고 주장했다.

아주 유치한 논리를 펴는 사람들도 있었다. 이런 경우 사태 해결에 전혀 도움이 되지 않는다. 5선 안민석 민주당 의원이 그랬다. 그는 이날 한 라디오 방송에 나와 "본인(윤석열)이 사임을 해야 하는데 버티기를 하니까 '이제 한판 해보자'는 것인데 참으로 안타까운 것"이라며 "(법적 대응은) 국민과 대통령에 대한 전쟁을 선언하는 것이라고 본다. 참 어리석은 판단"이라고 날을 세웠다. 그러면서 "우리 문재인 대통령은 사실은 아주 무서운 분이다. 평소에는 부드러운 듯하지만 마음먹으면 무서운 분"이라면서 "윤 총장이 검찰개혁을 바라는 국민들과 대통령을 이길 수 없을 거라고 본다"고 주장했다.

이런 논리로 대통령을 두둔한다고 박수를 칠까. 오히려 문재인 정권의 치부만 드러냈다고 할 수 있다. 현재는 흑 아니면 백이 됐다. 이미 승자는 가려졌다. 윤석열이 비록 정직 2개월의 징계를 받았지만 지지 않았다. 대다수 국민도 윤석열을 지지하고 있다. 법원의 결정이 내려질 때까지 혼란도 불가피하다. 이제 모든 것은 윤석열에게 달렸다.

윤석열 정직 2개월, 싸움은 끝나지 않았다

2020년
12월 16일

법무부 검사징계위원회가 윤석열 검찰총장에게 '정직 2개월'의 징계 처분을 내렸다. 헌정사상 초유의 일이다. 징계위는 15일 오전 10시 30분쯤부터 자정을 넘긴 16일 오전 4시 10분쯤까지 2차 심의를 진행한 뒤 이같이 의결했다고 밝혔다. 윤석열 측이 불복할 것은 뻔하다. 문 대통령은 이 같은 결정을 그대로 재가할 가능성이 크다.

추미애와 법무부는 당당하지 못했다. 징계위원회는 모두 추미애 사람들로 구성돼 있었다. 따라서 결론을 미리 내려놓고 회의를 진행한 느낌이다. 변호인 측도 그렇게 얘기했다. 이는 문재인 대통령이 강조했던 정당성 및 공정성과도 어긋난다. 문재인 정권이 무언가에 쫓기는 듯한 인상도 준다.

윤석열에 대한 징계가 정당하다면 그럴 이유가 없다. 모든 절차를 따르는 게 맞다. 그런데 징계위는 그런 것조차 무시했다. 윤석열 측이 요구한 방어권을 보장하지 않았다. 1시간 안에 최종 의견을 진술하라고 하면 하지 말라는 것과 다름없다. 내용이 방대한데 무슨 재주로 1시간 안에 의견을 낼 수 있다는 말인가. 그래서 변호인은 그냥 나왔다고 했다.

징계위원을 지명하거나 위촉하는 데 꼭 지역을 안배할 필요는 없다. 그러나 윤석열 건은 관심을 모으기에 충분했다. 징계에 참여한 4명 가운데 3명이 호남 출신이었다. 문 대통령이 거제도에서 태어나 부산서 자랐지만, 문재인 정권은 호남 정권이라고 해도 지나치지 않을 정도로 친 호남 성격을 띠었다. 호남 출신들도 징계위 구성에 문제가 있다고 지적하기도 했다.

최종 변론도 없이 속전속결로 징계위가 진행되자 윤 총장 측은 "이미 (징계 수순이) 다 정해져 있던 것 아닌가"라며 "징계가 확정되면 절차가 부당해 승복할 수 없다는 게 입장"이라고 반발했다. 어떤 징계가 내려지든 불복을 예고한 대목이라고 할 수 있다. 바로 본안소송 및 집행정지 신청을 할 것 같다.

징계위는 윤 총장 측의 회의 절차 관련 요구를 받아들이지 않았다. 회의 초반 정한중 위원장 직무대리와 신성식 위원에 대한 기피신청도 기각됐다. 윤 총장 측은 정 위원장의 경우 징계 대상에 따라 가변적으로 임명될 수 없는 외부 징계위원자리에 최근 새로

위축됐다는 점, 신 위원의 경우 징계 심의 관련 사건의 관계인이라는 점을 들어 심의 공정성에 문제를 제기했지만, 징계위는 문제가 없다고 판단했다.

이뿐만 아니라 징계위는 멋대로 회의를 진행했다. 대신 징계위원을 회피한 심재철 법무부 검찰국장과 박은정 감찰담당관 등이 낸 진술서를 토대로 징계 토론에 들어갔다. 입맛에 맞는 자료를 갖고 징계 결정을 내리면 승복할 리 없다. 변호인 측에 따르면 둘의 진술서 등은 지금까지 드러난 사실과 많이 다르다고 했다.

방어권을 보장하는 것은 기본이다. 검찰총장에게도 이처럼 일방적으로 진행하니 다른 사건은 말할 나위가 없다. 추미애가 욕을 먹는 이유이기도 하다. 그런데 추미애는 자다가 봉창 두드리는 소리만 하고 있다. 참 얼굴이 두껍다.

전 국민이
윤석열 징계위를 보고 있다

#1: 문재인 정권은 어떻게든 윤석열을 해임하려 할 것이다. 징계위원 면면을 보더라도 그렇다. 이용구 심재철 신성식 정한중 안진. 모두 친 추미애다. 그런 사람들의 결정은 뻔하다. 추미애 생각, 다시 말해 문재인 정권 의도와 빗나가는 결정은 하지 않을 것이라는 얘기다. 오늘 결정을 하지 못하더라도 결론은 안 바뀔 터. 나중은 어떻게 되더라도 밀어붙일 것이다. 법무부 감찰위의 권고도, 법원의 결정도, 법관대표회의 결론도 무시할 공산이 크다. 이쯤 되면 뭐라고 할까. 막가파와 다름 없다. 대한민국은 죽었다.(10일 오전)

#2: 심재철, 한동수, 박은정, 허정수, 윤석열을 치려다 도리어 피의자 조사를 받게 될 것 같다. 사필귀정이라고 할까. 추미애와 함께 칼춤을 춘 결과다. 이들은 미리 짜고 고스톱을 쳤다. 윤석열을 쳐낼 수 있다고 확신한 듯하다. 그러나 어설프기 짝이 없었다. 절차도 무시했다. 대검 감찰부장과 감찰과장이 감찰도 받아야 할 처지다. 무리수를 둔 까닭이다. 추미애의 머리로는 안 된다. 이미 게임에서 졌다. 추한 꼴만 드러내고 있다. 그래서 추녀(醜女)라고 하는지도 모르겠다.(8일 오후)

내가 페이스북에 올렸던 두 개의 글이다. 예상대로 윤석열 징계에 대한 결론은 10일 하루만에 내지 못했다. 워낙 방대해서다. 검찰총장을 징계하는데 섣불리 할 수도 없다. 당대 최고의 변호사들이 붙었음도 물론이다. 양측이 사생결단의 대결을 하고 있다. 말하자면 죽기살기로 나섰다고 할 수 있다. 지는 측은 타격을 받을 수밖에 없다. 더 초조한 사람은 추미애다. 윤석열은 징계를 받더라도 구제받을 길이 있다. 본안 소송도 있고, 집행정지 신청도 있다.

이날 오전 10시 40분부터 시작한 징계위는 징계위원 기피 등 절차적 문제에 많은 시간을 할애하면서 결국 본안 심의에 돌입하지 못한 채 끝났다. 대신 징계위는 오는 15일 2차 심의에 출석을 요구할 8명의 증인을 확정 지었다. 심재철 법무부 검찰국장도 증인으로 채택됐다. 징계위원이 증인으로 나서는 웃지 못할 일이 벌어지게 됐다.

윤 총장 측이 신청한 증인 7명 중 '성명불상의 감찰 관계자'는 채택이 보류된 대신 심재철 국장과 이정화 대전지검 검사가 추가됐다. 심 국장은 징계위 직권으로, 이 검사는 윤 총장 측의 요청으로 증인 명단에 이름을 올렸다. 이날 징계위원으로 참여했다가 스스로 심의를 회피한 심 국장은 다음 징계위에는 증인 신분으로 위원회에 출석하게 됐다. 심 국장은 이른바 '재판부 분석 문건'을 한동수 대검 감찰부장에게 넘긴 당사자로 의심받고 있다.

윤 총장의 징계 여부와 수위를 결정하는 데 8명의 진술이 핵심 변수가 될 것 같다. 그러나 증인들이 출석을 거부해도 징계위가 출석을 강요할 수는 없다. 특히 이성윤 서울중앙지검장, 한동수 감찰부장, 심재철 국장 등 추미애 편에 선 증인들의 출석에 관심이 모아진다. 15일 결론이 날 지도 알 수 없다. 여러 가지 변수가 도사리고 있기 때문이다. 그러는 동안 법무 검찰 조직이 더욱 망가질 게 틀림없다. 한마디로 비극이다.

윤석열 현상
일시적 아니다

윤석열의 부상이 심상치 않다. 조만간 1위 굳히기에 들어갈 지도 모르겠다. 이낙연 20.6%, 윤석열 19.8%, 이재명 19.4%. (11월) 30일 발표된 오마이뉴스 여론조사 결과다. 윤석열의 부상이 예견된 일이기는 하다. 이낙연까지 제칠 가능성이 높다. 치고 올라오기 때문이다. 아마 해임되면 더 올라갈 것 같다. 이게 바로 정치다.

내가 지난달 30일 페이스북에 올렸던 글이다. 그 예상이 정확히 들어맞았다. 상식선에서 내다본 결과다. 지금 문재인 정권은 그것을 깨려고 하니까 더욱 문제다. 윤석열 현상은 9일 발표된 여론조사를 보더라도 그렇다. 오차 범위 밖으로 민주당 대권주자들을 따돌렸다. 이낙연 민주당 대표와 이재명 경기지사가 머쓱하게 됐다. 둘 중 한 명이 대통령 될지도 모른다고 벼러왔을 그들이다.

쿠키뉴스 의뢰로 한길리서치가 지난 5일부터 7일까지 전국 만 18세 이상 남녀 1,002명을 대상으로 차기대선주자 선호도를 조사한 결과에 따르면 윤석열 총장의 지지율은 28.2%, 이재명 지사 21.3%, 이낙연 대표 18.0% 순으로 나타났다. 윤석열의 지지율은 직전조사(11월 10일)와 비교해 24.7%에서 3.5%포인트 올랐다. 이재명도 2.9%포인트 상승했다. 그러나 이낙연의 지지율은 22.2%에서 4.2%포인트 하락했다. 조사기관은 이낙연 대표의 측근이 지난 3일 검찰 조사를 받던 중 극단적인 선택을 한 사건이 지지율에 영향을 미쳤다고 분석했다.

또다른 조사에서도 윤석열이 1등이었다. 리얼미터가 국민일보 의뢰로 지난 7~8일 전국 18세 이상 1,000명에게 대선주자 선호도를 물은 결과 윤 총장이 25.8%로 선두에 올랐다. 윤 총장 지지율이 25%를 넘긴 것은 이번 조사가 처음이다. 이낙연 대표와 이재명 지사는 똑같이 20.2%로 나타났다. 이 같은 조사로 미루어 볼 때 윤석열 대세론이 자리잡아 간다고 할 수 있다.

나도 자주 받는 질문 중 하나다. "윤석열이 대선에 나올 것 같습니까?" 얼마 전까지는 그 확률(대선 출마)이 55%쯤 될 것이라고 했다. 그러나 지금은 조금 더 올린다. 60%쯤으로 내다본다. 정치란 그렇다. 본인이 정 싫으면 할 수 없지만, 자의 반 타의 반에 의해 뛰어드는 경우가 더 많다. 처음부터 정치를 하기 위해 태어난 사람은 없다.

윤석열이 현재 시점에서 정치를 할 지, 말 지 밝힐 필요는 없다. 상황을 더 봐도 된다. 시간이 충분하기 때문이다. 더군다나 가만히 있어도 여권에서 그의 주가를 높여준다. 그가 박해를 받을수록 지지자는 뭉치게 되어 있다. 이래도 윤석열 현상을 일시적이라고 할까. 그 질문은 오히려 야당인 국민의힘에 묻고 싶다. 김종인 비대위원장과 주호영 원내대표는 뚱딴지 같은 소리를 하고 있으니 말이다.

추미애-윤석열 싸움 정점으로 치닫다

나는 검찰을 친정으로 여긴다고 여러 차례 얘기한 바 있다. 1987년 수습기자가 끝난 뒤 사회부 발령을 받아 맨 처음 배정받은 출입처가 검찰이기도 하다. 당시는 전두환 정권 때여서 나 스스로 '5공 기자'라고도 한다. 검찰에 대해 무한 애정을 갖고 있기도 하다. 지금 추미애 법무장관과 윤석열 검찰총장이 사생결단의 싸움을 하는 것을 보면서 느끼는 점이 많다.

둘 다 엄청난 죄를 짓고 있다고 할 수 있다. 물론 그 평가는 나중에 역사가 하겠지만. 조직이 망가지고 있음은 보는 그대로다. 최근 1년 동안 전대미문의 일들이 벌어졌다. 상상도 할 수 없고, 해외토픽에나 날만한 일들을 심심찮게 볼 수 있었다. 정말로 부끄러워해야 할 일들이다. 그것을 두 수장이 벌이고 있으니 구성원들은 말리지도 못한다.

급기야 장관이 총장을 징계위에 넘기면서 수사의뢰하기에 이르렀다. 아마 후진국도 이러지는 않을 게다. 그런데 명분도 없다. 억지를 부렸다고 할 수밖에 없다. 추미애가 윤석열을 옥죄려고 했지만 되치기를 당하고 있다. 무엇보다 법과 절차를 간과해서다. 정교한 계획도 없었다. 허점투성이다. 추미애 편에서 윤석열 축출에 가담했던 검사들은 형사처벌 될 가능성도 낮지 않다.

심재철, 한동수, 박은정, 허정수. 윤석열을 치려다 도리어 피의자 조사를 받게 될 것 같다. 사필귀정이라고 할까. 추미애와 함께 칼춤을 춘 결과다. 이들은 미리 짜고 고스톱을 쳤다. 윤석열을 쳐낼 수 있다고 확신한 듯하다. 그러나 어설프기 짝이 없었다. 절차도 무시했다. 대검 감찰부장과 감찰과장이 감찰도 받아야 할 처지다. 무리수를 둔 까닭이다. 추미애의 머리로는 윤석열을 당할 수 없다. 이미 게임에서 졌다. 추한 꼴만 드러내고 있다. 그래서 추녀醜女라고 하는지도 모르겠다.

조남관 대검 차장은 8일 법무부의 윤석열 검찰총장 수사의뢰 사건 등을 포함해 판사 문건 사건을 서울고검이 수사하도록 지휘했다. 아울러 그동안 대검 감찰부가 이 사안을 조사 및 수사하는 과정에서 불거진 위법 논란에 대해서도 진상조사를 하라고 지시했다. 윤석열의 반격이라고 할 수 있다. 절차상 문제는 없다. 추미애는 이렇게 나올 것으로 예상하지 못한 듯하다.

대검은 이날 "대검 감찰부가 조사·수사 과정에서 적법절차를 준수하지 않은 점을 확인했다"고 설명했다. 한동수 대검 감찰부장이 판사 문건을 입수해 법무부에 전달했다가 다시 수사 참고자료로 되돌려 받는 등 공정성과 정당성을 의심받을 만한 행위를 했다는 것. 대검 감찰부가 대검 수사정보담당관실 압수수색 및 윤 총장 입건 사실을 지휘부에 보고하지 않은 점도 적법절차 위반으로 지적됐다.

이에 법무부는 "검찰총장 직무복귀 이후의 감찰부 수사 개입 및 중단에 대해 유감을 표명한다"고 문제를 제기했다. 대검도 바로 "법무부가 특임검사 도입 제안을 거부해 서울고검에 재배당한 것"이라고 반박했다. 추미애의 법무부가 밀리는 형국이다. 여론도 추미에게 불리하다. 10일 징계위가 주목되는 이유다.

자랑스런 1등 윤석열,
부끄러운 1등 조국

2020년
12월 7일

스누라이프snulife.com는 서울대 재학생과 졸업생 등 동문들만 참여할 수 있는 전용포털이다. 여기서 재미있는 조사를 한다. 자랑스런 동문 1등과 부끄러운 동문 1등을 뽑는 것. 1등이라면 몰라도 꼴찌는 수모를 느낄 수 있다. 자랑스런 꼴찌가 부끄러운 1등에 비유된다. 최근 조사에서도 그랬다. 윤석열 검찰총장과 조국 전 법무장관이 주인공들이다.

지난 4일 한 작성자에 의해 시작된 이번 투표는 1명당 3명까지 투표할 수 있으며 오는 31일까지 진행된다. 6일 오후 7시를 기준으로 1,280명이 투표에 참여한 결과 1위는 법학과를 졸업한 윤석열로 모두 1,146표(89%)를 받았다. 2위는 경제학과 출신의 윤희숙 국민의힘 의원(423표·33%), 3위는 법학과 출신의 금태섭 전 더불어민주당 의원(349표·27%)이다.

미학과 출신의 진중권 전 동양대 교수(289표·22%)와 의학과 출신의 안철수 국민의당 대표(249표·19%)는 4위와 5위를 각각 차지했다. 이번 투표에 오른 후보는 16명이다. 이낙연 민주당 대표(15표·1%), 조국 전 법무부 장관(25표·1%), 유시민 노무현재단 이사장(15표·1%) 등 여권인사도 후보에 이름을 올리기는 했다.

이 같은 조사에서도 조국이 두각을 나타냈다. 이번 투표를 진행한 게시글 작성자가 '2019년 상반기 부끄러운 동문상' '2020년 상반기 부끄러운 동문상'도 진행했다고 밝혔다. 앞선 두 투표 결과 조국이 86.9%(2019년 상반기 부끄러운 동문상), 90%(2020년 하반기 부끄러운 동문상) 1위를 각각 차지한 바 있다. 부끄러운 동문 1위는 조국이 단골인 셈이다.

조국한테 묻고 싶다. 서울대 재학생과 졸업생들이 자신한테 감정이 있어 이런 투표를 하는지. 그럴 리는 없다고 본다. 여론과 민심을 반영한 결과라고 여긴다. 조국이 아무리 정의를 외쳐도 메아리에 그칠 뿐이다. 지금 조국의 말을 믿는 사람은 거의 없다. 혼자 떠든다고 할 수 있다. 그 외침이 눈물겨울 정도다. 예전에 트위터 등을 통해 사이다 발언을 하던 조국이 아니다. 그저 극소수의 광적인 팬들만을 위한 서비스라고 할 수 있겠다.

반면 윤석열은 동문들의 자랑으로 자리매김했다. 문재인 정권과 치열하게 싸우고 있기 때문이다. 서울대 동문들도 심정적으로 윤석열을 지지하고 있다는 뜻이다. 이뿐만 아니라 윤석열은 국민들로부터도 많은 지지를 받고 있다. 그가 외롭지 않은 이유다. 대깨문과 민주당 의원들이 아무리 윤석열을 잡으려고 해도 잡히지 않는다. 윤석열을 더 믿고 있는 까닭이다.

이낙연과 유시민이 꼴찌를 한 것도 예상됐던 일이기는 하다. 서울대 동문들의 눈높이도 일반 국민들과 크게 다르지 않다는 얘기다. 이는 이 둘이 잘못하고 있다는 방증이기도 하다. 심하게 이런 말도 한다. 재수깡이라고. 둘에 해당되지 않나 한다. 꼴찌를 기록하고 있는 동문들은 차제에 반성하기 바란다. 왜 꼴찌를 하고 있는지. 무엇보다 정의롭지 못해 그렇다. 윤석열이 1등을 하는 것은 정의와 무관치 않다. 옳은 길을 가고 있는 것에 대한 평가라고 할 수 있다.

법원도
"검찰총장, 법무장관에
맹종 말라"고 했다

 그래도 대한민국 법원은 살아 있었다. 상식이 통하는 사회를 보여주었다고 할까. 나는 추미애-윤석열 사태도 상식선으로 보고 글을 써왔다. 상식을 능가하는 그 무엇도 없다고 보았기 때문이다. 모두 내가 예상했던 대로 흘러가고 있다. 그게 바로 상식인 탓이다. 내가 제일 믿는 구석은 정의다. 정부 여당도 어떤 게 정의인지 새삼 깨닫기 바란다.

 딱히 윤석열 검찰총장을 편들 생각은 없다. 칼춤을 추고 있는 추미애를 비판하다보니 그런 오해도 받는다. 윤석열의 행동이 100% 옳다고 보지도 않는다. 추미애보다는 훨씬 낫다는 뜻으로 봐 달라. 둘을 비교할 수밖에 없다. 진중권이 제대로 짚었다. 추미애는 실컷 때려 놓고 내 손이 아프다고 한다. 그래서 더 조롱을 당한다. 그런 추미애를 옹호하는 사람들도 다르지 않다.

 법원은 추미애에 대해 일갈했다. 법무부와 추미애도 법원이 이렇게까지 나오리라고는 예상하지 못했을 것이다. 그러나 법원은 단호했다. 결정문을 한번 보자. "검찰총장이 법무부 장관에 맹종할 경우 검사의 독립성과 정치적 중립성은 유지될 수 없다." 서울행정법원 제4부(조미연 부장판사)가 1일 윤석열 검찰총장의 직무배제 집행정지 신청을 인용하면서 밝힌 사유 중 하나다.

이는 윤석열이 "검찰총장은 법무장관의 부하가 아니다"라고 한 주장과 일맥상통한다. 검찰총장이 법무장관에 예속되면 안 된다는 얘기다. 지극히 당연한 결정이랄 수 있다. 지금 추미애가 하는 것처럼 사사건건 시비를 걸고 나오면 검찰총장이 있을 이유도 없다. 추미애는 수사지휘권과 감찰권을 마구 남발했다. 그게 부메랑으로 돌아왔다고도 할 수 있겠다.

재판부는 아주 구체적으로 추미애의 월권을 지적했다. 재판부는 결정문에서 "입법자는 검찰총장이 부당한 정치권력에 휘둘리지 않도록 인사청문회를 통해 검증하고, 임명되면 소신껏 일할 수 있도록 임기를 보장했다"고 전제했다. 이어 "검사는 법무부장관의 지휘·감독에 복종함이 당연하지만, 검찰총장이 법무부장관에게 맹종할 경우 검사들의 독립성과 정치적 중립성은 유지될 수 없다"면서 "법무부장관의 검찰, 특히 검찰총장에 대한 구체적 지휘·감독권의 행사는 법질서 수호와 인권 보호, 민주적 통제라는 목적을 달성하기 위해 필요, 최소한에 그칠 필요가 있다"고 말했다.

이 같은 법원의 결정에도 여권은 윤석열 징계를 밀어붙일 태세다. 2일 열릴 예정이던 윤석열 징계위원회는 4일로 미뤄졌다. 추미애 장관을 대신해 징계위원장을 맡아야 할 고기영 법무차관이 사표를 낸 것과 무관치 않다. 징계와 법원의 결정은 다르다는 얘기도 한다. 징계를 합리화하기 위해 설득력이 한참 떨어지는 주장을 펼친다. 참 옹졸한 느낌을 지울 수 없다.

이번 사태서 가장 딱한 사람은 이낙연 민주당 대표다. 작심하고 추미애를 밀다가 스타일을 모두 구겼다. 신중했던 모습은 온데간데없다. 무언가에 쫓기는 듯한 인상만 풍긴다. 소탐대실의 전형이 될 지도 모르겠다. 추미애가 정치 지형을 바꿔놓을 공산도 크다.

법원도
윤석열 손을 들어주었다

나는 처음부터 그럴 줄 알았다. 법원은 윤석열 검찰총장 손을 들어줄 것이라고. 서당개 3년이면 풍월을 읊는다고 한다. 나도 검찰 출입기자를 오래 했다. 지난달 24일 추미애 법무장관이 윤 총장에 대해 징계청구 및 직무배제를 할 때 근거로 든 6개 조항을 꼼꼼히 읽어 보았다. 어느 것 하나 걸 수 없을 것 같다고 판단했다. 그만큼 무리했다는 뜻이기도 하다.

오로지 윤석열을 내쫓기 위해 무리수를 둔 결과다. 절차도 지키지 않았다. 그럼 결과는 뻔하지 않은가. 상식은 통하는 법이다. 아무리 억누르려고 해도 숨을 끊지 못했다. 윤석열의 업무 복귀는 사필귀정이라고 할 수 있다. 추미애, 나아가 문재인 정권의 폭거에 제동이 걸린 셈이다. 그럼에도 윤석열을 징계할 가능성이 크다. 이 정권은 눈이 멀었기에.

윤 총장은 1일 오후 업무에 복귀했다. 법원의 결정에 따른 것이다. 서울행정법원 행정4부(조미연 부장판사)는 이날 윤 총장이 추 장관의 직무 배제 명령에 반발해 제기한 집행정지 신청을 받아들였다. 앞서 추 장관은 윤석열에 대한 감찰 결과 이른바 '재판부 사찰'을 비롯한 총 6가지 혐의가 드러났다며 직무에서 배제하고 징계를 청구했었다.

윤 총장은 혐의가 모두 사실과 다르고 감찰 과정에서 입장을 소명할 기회를 얻지 못했다고 징계청구 다음날인 25일 집행정지를 신청했다. 또 26일에는 직무 배제 취소 소송을 냈다. 이와는 달리 추미애의 지시에 따라 25일 대검 압수수색이 이루어졌고, 26일에는 윤 총장에 대해 수사의뢰까지 했다. 추미애가 일방적으로 윤석열을 몰아붙였으나 참패를 당한 격이다.

이보다 앞서 열린 법무부 감찰위원회도 윤석열에게 승리를 안겼다. 눈높이가 다르지 않았다는 얘기다. 징계청구, 직무배제, 수사의뢰 모두 부적절. 법무부 감찰위원회가 내린 결론이다. 위원 11명 중 7명이 참석했다고 한다. 상식을 가진 사람이라면 추미애가 어떤 짓을 했는지 다 안다. 이 같은 결론은 사필귀정이다. 2일 열리는 징계위원회에도 영향을 미칠 것으로 본다. 손바닥으로 하늘을 가릴 수 있을까.

문 대통령도 이날 청와대에서 추미애 장관을 면담했다. 추 장관의 청와대 방문은 예고되지 않은 일정으로, 국무회의 직후 이뤄졌다. 추 장관은 오전 10시부터 정부서울청사에서 열린 영상 국무회의에 참석했고, 국무회의 직후인 오전 11시 15분쯤 청와대 안으로 들어서는 추 장관의 차량이 포착됐다. 문 대통령은 청와대에서 영상으로 국무회의를 주재했다.

법무부는 "장관이 국무회의 직후 청와대에 들어가 대통령께 현 상황을 보고 드렸다"고 밝혔다. 추미애는 국무회의 시작 전 정세균 총리와도 10분간 단독 면담을 했다. 추미애의 거취 문제도 논의했을 가능성이 크다. 정 총리는 전날 문 대통령과의 주례회동에서 윤 총장의 자진사퇴가 불가피하다는 점을 건의했고, 추 장관의 동반 사퇴가 필요하다는 점을 시사하는 발언을 한 것으로 알려졌다. 추미애의 퇴진도 시간문제다.

추미애-윤석열 사태 해법은?

#1: 만약 DJ라면 추미애-윤석열 사태를 어떻게 풀었을까. 나는 이렇게까지 끌지 않았을 것으로 본다. DJ는 첫째도 민심, 둘째도 민심이었다. 그럼 지금 민심은 어떤가. 물론 내가 보는 견해다. 추미애와 심재철 박은정 한동수 이성윤 김관정 이정수, 청와대와 민주당, 대깨문을 제외하고는 심정적으로 윤석열을 밀지 않을까 한다.

민심으로 따지면 4대 6 정도. 추미애의 책임이 훨씬 크고, 윤석열도 상처를 너무 많이 입었다. 둘 다 자리에서 물러나게 하는 것이 맞다. 진작 그랬어야 하는데 그 같은 기회마저 놓쳤다. 문재인 대통령의 얘기도 공허하다. 대통령이 무슨 말을 한들 국민들 귀에 들어올 리 없다. 지금은 정리해야 할 때다. 더 이상 이유를 대지 말고.

#2: 추미애도 난관에 부딪혔다. 조남관 검찰총장 대행까지 사실상 반기를 들었다. 윤석열 총장 직무배제 철회를 요청했다. 이번 조치가 잘못됐다는 얘기다. 추미애는 이마저도 무시할 공산이 크다. 여기서 밀리면 끝장이기 때문이다. 산 넘어 산이다.

내가 어제 페이스북이나 오풍연닷컴ohpoongyeon.com에 올린 글이다. 요즘 하루하루가 급박하게 돌아간다. 추미애-윤석열 사태가 모든 이슈를 빨아들이고 있다. 다른 것은 눈에 들어오지도 않는다. 초미의 관심사에 묻혀서다. 둘이 물러날 것은 틀림없다. 어떤 수순을 밟느냐만 남았다고 할 수 있다. 그것은 문 대통령이 결정해야 한다.

나는 앞서 정세균 총리의 역할을 주문한 바 있다. 문 대통령의 정치적 부담을 덜어주어야 한다는 뜻에서 그랬다. 정 총리가 일정 부분 몫을 하는 것 같다. 정 총리는 30일 문 대통령을 만나 "추미애 법무부 장관과 윤석열 검찰총장의 갈등이 국정 운영에 상당한 부담이 된다"는 의견을 전달했다고 한다. 그러면서 "윤 총장은 직무를 수행할 수 없을 정도로 리더십을 상실한 상황이므로 자진 사퇴를 고려하는 것이 바람직하다"고도 한 것으로 알려졌다.

여권의 구상은 이렇다. 윤석열을 자진 사퇴든 어떤 형식으로든지 먼저 물러나게 하고, 추미애도 개각 등을 통해 순차적으로 퇴진시키는 방식이다. 윤석열에 대한 징계 절차를 밟는 것만 보더라도 그렇다. 그러나 변수가 없는 것도 아니다. 법원이 총장 직무 배제 집행정지 신청을 받아들이면 상황이 달라진다. 윤석열에게 더 버틸 명분이 생기기 때문이다. 이런 상황에서 윤석열만 해임하는 것은 정치적 부담이 커 고민하지 않을 수 없을 게다.

문 대통령은 이 같은 정 총리의 말을 듣고 "고민이 많다"고 답한 것으로 전해졌다. 이는 해법을 숙고하고 있다는 뜻이다. 문 대통령은 정 총리를 만난 뒤 이어 열린 청와대 수석보좌관회의에서 "모든 공직자는 소속 부처나 집단의 이익이 아니라 공동체의 이익을 받드는 선공후사의 자세로 위기를 넘어 격변의 시대를 개척해 나가야 한다"고 말했다. 집단행동에 나선 검찰을 에둘러 비판했다고 할 수 있다. 문 대통령의 속마음이 궁금하다.

3장

2020. 11~
2020. 10

추미애 아웃,
전국 평검사들도 열 받았다

추미애의 칼춤에 전국의 검사들도 들고 일어났다. 이는 자연스런 현상이다. 가만히 있으면 오히려 그게 더 이상하다. 나는 이보다 앞서 검사들에게 분발할 것을 촉구한 바 있다. 사실 만시지탄의 느낌도 든다. 그래도 다행이다. 검사들의 양심이 살아 있어서. 나는 지난 7월 30일 '전국의 검사들에게!'라는 오풍연 칼럼을 썼다. 당시 내용을 일부 소개한다.

"여러분이 정상적이라면 추 장관의 책임을 물어야 합니다. 그냥 넘어갈 수 없는 일입니다. 어떻게 옳지 않은 일을 보고 침묵합니까. 침묵은 금이 아닙니다. 행동이 필요할 땐 나서야 합니다. 추 장관은 정부 안에서도 미운 오리가 됐습니다. 검찰 개혁도 좋습니다. 또 필요합니다. 추미애는 모든 신뢰를 잃었습니다. 제 시각이 틀렸습니까."

그때 검사들이 들고 일어났더라면 어땠을까. 오늘의 사태도 없었을 것으로 본다. 옳지 않은 일에는 일어나는 것이 맞다. 그게 비록 항명으로 비칠지라도. 뒤늦게나마 검사들이 집단행동에 나선 것은 잘한 일이다. 역사 앞에 죄는 짓지 말아야 한다. 나도 만 30년간 기자생활을 하면서 그것을 명심하고 살았다. 불의에 저항하기도 했다. 설령 불이익을 당한다 하더라도 눈을 감고 있으면 그게 더 비겁하다.

대검에서 먼저 집단행동이 나왔다. 윤석열 총장을 모시고 있던 검사들이 '추미애 아웃'을 외쳤다고 할까. 사법연수원 34기 이하 검찰연구관들은 25일 회의를 열고 "법무부 장관의 처분은 수긍하기 어려운 절차와 과정을 통해 전격적으로 검찰총장의 직을 수행할 수 없게 하고, 검찰 업무의 독립성을 침해할 뿐만 아니라 법치주의를 심각하게 훼손하는 것으로 위법하고 부당하다"는 입장문을 내놨다.

이들 30여 명은 검찰사무 및 정책을 연구하고 검찰총장을 보좌하는 역할을 한다. 이들은 "검찰이 헌법과 양심에 따라 맡은 바 직무와 책임을 다할 수 있도록 법무부 장관께서 지금이라도 징계청구 및 직무집행정지 처분을 재고해 주시길 간곡히 요청드린다"고 덧붙였다. 다시 말해 재고하지 않으면 더 이상의 행동도 할 수 있다고 경고한 셈이다.

부산지방검찰청 동부지청 소속 평검사들도 입장문을 내고 추 장관을 비판했다. 이들은 "사실관계가 충분히 확인되지 않은 현시점에서 검찰총장에게 내린 처분은 위법·부당한 조치"라고 목소리를 높였다. 진상 확인이 이뤄지기 전에 검찰총장의 직무를 이례적으로 배제한 것을 납득하기 어렵다는 취지다. 전국 일선 검찰청 가운데 부산 동부지청 검사들이 가장 먼저 단체행동에 나섰다.

26일에는 전국 검찰청 10여 곳에서 평검사 회의가 열리는 것으로 확인됐다. 이제 불을 끌 수 없는 상황이 됐다. 온라인에서는 이들을 비난하는 댓글도 많다. 이른바 친문들이 검사들을 공격하는 것 같다. 그러나 많은 국민들은 평검사들의 뜻을 지지하고 있다. 옳지 않은 일에는 '노'를 할 수 있어야 한다. 추미애의 끝도 얼마 남지 않았다. 자업자득이다.

추미애의 칼춤을 보는
이 심정

추미애가 24일 마침내 발톱을 드러냈다. 윤석열 검찰총장에 대한 직무배제 명령과 함께 검사징계를 청구했다. 물론 예상됐던 일이기는 하나 이처럼 빨리 행동에 나서리라고 보지는 않았다. 검찰도 충격에 휩싸였을 듯싶다. 사상 초유의 일이기 때문이다. 사실 법무장관과 검찰총장은 같은 급이라고 할 수 있다. 총장도 장관급 예우를 받는다. 그런데 이 같은 조치를 취했다.

"막가파나 다름없네요. 검찰 발전을 수십 년이나 후퇴시켰습니다. 전례를 남긴 게 더 무섭습니다." 검찰 고위직을 지낸 분이 이처럼 한탄을 했다. 장관이 총장을 흔들어대면 어떤 일도 할 수 없다는 얘기다. 추미애는 지금 그 짓을 하고 있다. 그 뒤에 문재인 대통령이 있음은 말할 것도 없다. 실제로 추미애는 이런 내용을 발표하기 전 문 대통령에게 보고했다고 한다.

일련의 과정을 돌이켜 보면 이런 조치가 시간문제이기는 했다.

우선 추미애부터 예고하듯 말하기도 했다. "검찰개혁을 완수할 때까지는 다른 생각을 할 겨를이 없다"고 한 게 그렇다. 지난 16일 그런 말을 했다. 정세균 국무총리도 지난 23일 "추 장관이 검찰개혁을 아주 잘하고 있다"고 했다. 이낙연 민주당 대표는 결정타를 때렸다.

이 대표는 추미애의 폭거가 있은 뒤 기다렸다는 듯 바로 페이스북에 글을 올렸다. 자가격리 중이어서 집에서 올렸을 것 같다. 그는 "윤 총장의 혐의에 충격과 실망을 누르기 어렵다"면서 "법무부는 향후 절차를 법에 따라 엄정하게 진행하길 바란다"고 말했다. 그러면서 "윤 총장은 공직자답게 거취를 결정하시기를 권고한다"며 사실상 사퇴를 촉구했다. 무서운 얘기다.

추미애는 윤 총장을 제거하기 위해 여섯 가지 이유를 댔다. 나도 그 내용을 모두 읽어 보았다. 거창한 것 같지만 딱 떨어진 비위 사실은 없다고 해도 과언이 아니다. 억지로 짜 맞춘 듯한 인상도 풍긴다. 윤석열은 즉각 부인하면서 법적 대응에 나갈 뜻을 밝혔다. 따라서 윤석열의 최종 거취는 법원의 손에 넘어갔다고 할 수 있겠다. 인사 문제의 경우 법원은 대체로 약자 편을 드는 경향이어서 윤석열이 불리하지는 않을 것으로 본다.

검사 출신인 금태섭 전 의원도 추미애와 문재인 정부를 동시에 때렸다. 그는 이날 밤 페이스북에 올린 글에서 "설마 했는데 서울 중앙지검이 윤 총장의 장모를 기소하는 것에 맞춰 추 장관이 징계청구 및 직무배제 명령을 했다. 정말 경악스러운 일"이라며 "상식이 있는 사람이라면 진짜 징계청구의 이유가 무엇인지 알 수 있다. 주요 사건 수사에서 정부의 뜻과 다르게 행동했다는 것"이라고 꼬집었다.

금 전 의원은 "검찰총장으로 위엄과 신망을 손상시켰다는 구절에선 절로 실소가 나왔다. 이런 식이라면 댓글 수사가 마음에 안 든다고 엉뚱한 이유를 들어 채동욱 검찰총장을 사퇴하게 만든 박근혜 정부와 뭐가 다른가"라고 반문했다. 일선 검사들도 "나가라는 거네"라고 격앙했다. 추미애의 칼춤에 나라는 또 다시 두 동강 나다시피 했다. 문재인 정부의 현주소이기도 하다. 비극이다.

조국의 궤변을
반박한다

"검찰총장은 국민 이전에 대통령과 법무부 장관에게 먼저 책임을 져야 한다." 조국 전 법무장관이 20일 페이스북을 통해 강조한 말이다. 이는 임명권자(대통령)와 임명제청권자(법무장관)에게 못 할 짓을 했으니 스스로 그만두라는 뜻으로도 들린다. 요즘 조국도 추미애처럼 제정신이 아니다. 눈만 뜨면 윤석열 검찰총장을 어떻게 무너뜨리나 궁리를 하는 것 같다.

조국은 서울법대 교수 출신이다. 임용 경위를 자세히는 모르겠지만, 그런 사람이 국내 최고대학인 서울대 교수를 했다는 게 창피스런 일이다. 자신의 얄팍한 지식을 상대방을 공격하는 데 쓴다. 그렇다고 학문적 깊이가 있는 것도 아니다. 자기 편리한대로, 진영 논리를 대변한다고 할까. 그런 조국에게 박수를 치는 사람도 한심하기는 마찬가지다.

조국이 서울대 교수였다는 게 의심스러울 정도다. 그가 전개하는 논리를 보면 젖비린내가 난다. 유치하기 짝이 없다. 오늘 올린 글만 해도 그렇다. 조국 자신은 근사한 논리라고 생각하겠지만 내가 보기에는 초등학생 수준에 불과하다. 하나만 알고 둘은 모른다. 궤변에 가깝다. 물론 대한민국이 민주주의 국가여서 어떠한 주장도 할 수는 있다. 주장 자체를 나무랄 생각은 없다. 황당하기 때문에 모순점을 지적하는 것이다.

조국은 "'국민의 검찰론'의 요체는 검찰이 국민으로부터 권한을 받았기에 국민에게만 '직접' 책임지겠다는 것으로, 검찰은 대통령이나 법무부 장관의 통제를 받아서는 안 된다는 뜻이 숨어 있다"면서 "극히 위험한 반反헌법적 논리"라고 주장했다. 국민의 검찰에 대한 조국다운 해석이다. 앞서 윤 총장은 신임 부장검사 등을 상대로 한 리더십 강연에서 "살아있는 권력 등 사회적 강자의 범죄를 엄벌해 국민의 검찰이 돼야 한다"면서 "국민의 검찰은 검찰의 주인이 국민이라는 것을 늘 염두에 두어야 한다는 뜻"이라고 역설했다.

조국은 "대한민국 헌법 체제에서 국민으로부터 권한을 직접 받은 사람은 대통령과 국회의원 등 선출직 공무원밖에 없다"면서 "검찰권은 애초에 국민으로부터 직접 부여된 적이 없다"고 말했다. 이어 "검찰총장은 법무부 장관의 제청으로 대통령이 임명한 사람"이라며 "따라서 검찰총장은 국민 이전에 대통령과 법무부 장관에게 먼저 책임을 져야 한다"고 주장했다.

이는 지금 추미애가 하는 짓이 정당하다는 것을 전제로 한다고 할 수 있다. 그러나 국민 대다수는 추미애가 거의 미쳤다고 생각한다. 장관도 국민의 뜻을 따라야 한다. 추미애와 윤석열 중 누구의 잘못이 크냐고 물으면 절반 이상이 추미애라고 번쩍 손을 든다. 그렇다면 추미애가 먼저 물러나는 것이 옳다. 그런데 자리에 계속 앉아 수사지휘권과 감찰권을 남발하고 있다. 오죽하면 광인狂人수준이라고 하겠는가.

추미애와 조국이 윤석열을 협공하고 있다. 나는 장담한다. 둘이 아무리 대들어도 윤석열을 이길 수 없다고. 그 이유는 딱 하나다. 정의는 반드시 이기기 때문이다. 다시 말해 추미애와 조국은 정의롭지 못하다는 얘기다.

윤석열이
아무리 밉다지만

2020년
11월 19일

추미애 법무장관이 미쳐 날뛰는 모습을 언제까지 보아야 할까. 정말 피곤하다. 추미애의 목표는 변함없다. 윤석열 검찰총장에게 망신을 주어 스스로 물러나게 하는 것. 그것 이상도 이하도 아니다. 이게 있을 수 있는 일인가 묻지 않을 수 없다. 믿는 도끼에 발등 찍힌다는 속담이 딱 맞다. 추미애가 이처럼 막 나오리라고 상상이나 했겠는가. 현재는 극에 달한 느낌이다.

추미애는 윤 총장에 대한 직접 감찰을 지시한 바 있다. 감찰은 두 가지 방법이 있다. 대면 조사와 비대면 조사. 법무부가 윤 총장을 직접 조사하려다가 대검의 반대에 부딪혀 수포로 돌아갔다. 그 방법이 아주 치사하다. 윤 총장에게 평검사 2명을 보냈다. 누군가 재미있는 표현을 했다. 총장을 조사하려면 최소한 부장검사급은 나서야 한다고 했다. 현직인 총장을 배려해서다. 그런데 평검사를 보냈으니 뒷말이 나올 만하다.

전후사정을 살펴본다. 박은정 법무부 감찰담당관은 지난 16일 윤 총장 부속실 비서관에게 검찰 내부 메신저로 '윤 총장 대면 감찰 조사가 필요하니 날짜를 달라'고 통보했다. 이어 17일 오후 감찰관실 소속 이정화·윤인식 검사가 밀봉된 공문을 갖고 대검을 찾아가 "윤 총장에게 직접 전달하겠다"고 했다. 공문은 '오는 19일 오후 2시 대검에서 윤 총장을 직접 조사할 테니 조사실과 관련 자료를 준비해 달라'는 내용인 것으로 전해졌다.

이에 대검 측은 "무슨 감찰을 하겠다는 건지 설명도 없이 다짜고짜 평검사 2명을 보내 총장을 감찰하겠다는 것은 의도된 '모욕 주기'"라고 반발했다. 지난주에는 법무부 감찰관실 파견 명령을 받은 김용규 인천지검 형사1부장이 '윤 총장 감찰에 동의할 수 없다'고 이의를 제기하자 즉시 원대 복귀시킨 것으로 알려졌다. 법무부는 김 부장에게 윤 총장 조사를 시키려고 했던 것 같다.

이 과정에서 패싱이 있었던 것으로 전해진다. 박은정 담당관의 직속상관인 류혁 감찰관은 물론 다른 법무부 핵심 간부도 이런 내용을 몰랐다고 한다. 당시 대검 측이 류혁 감찰관에게 '예고도 없이 법무부 감찰관도 아닌 평검사를 보내 검찰총장 대면 조사를 하겠다는 것이냐'고 항의하자 류 감찰관은 "처음 듣는 얘기"라는 반응을 보인 것으로 알려졌다.

류 감찰관뿐만 아니라 심재철 검찰국장과 심우정 기획조정실장도 '평검사 2명의 대검 방문'을 파악하지 못하고 있었다고 대검 측에 밝힌 것으로 전해졌다. 검찰 관계자는 "법무부 간부들 말을 100% 믿을 순 없지만 만약 '현직 검찰총장 감찰'이란 중대 사안을 중간 단계 생략하고 추 장관과 박 담당관 사이에서 결정하고 있다면 심각한 일"이라고 말했다. 지금까지 드러난 사실만 놓고 보면 그럴 가능성이 크다.

추미애의 이 같은 짓에 검찰 내부는 부글부글 끓고 있다. 현직 검찰총장을 감찰하면서 사전 조율을 생략하고 직접 면담을 먼저 요청한 것은 상식 밖이라는 지적이 나오고 있다. 추미애와 윤석열 둘 다 그만두던지, 어느 하나라도 물러나야 싸움이 끝난다. 점입가경이다.

이낙연, 이재명, 윤석열 3강 체제 변화 온다

알 수 없는 게 정치판이기도 하다. 30년 이상 보아왔지만 예상을 빗나갈 때가 더 많았던 것 같다. 그래서 정치는 생물이라고 하는지도 모르겠다. 2022년 대선도 그럴 가능성이 작지 않다. 변동성이 크다는 뜻이다. 현재는 이낙연, 이재명, 윤석열 3강 체제를 유지하고 있다. 그러나 이 같은 구도도 언제 깨질지 모른다. 여권 쪽의 키는 친문이 쥐고 있다고 하겠다.

야권은 현직 검찰총장인 윤석열이 독주체제를 갖췄다고 볼 수도 있다. 다른 후보들은 존재감이 없다시피 하다. 아직 치고 나오는 사람도 없다. 김종인 국민의힘 비대위원장이 최근 대권후보군으로 오세훈 전 서울시장과 유승민 전 의원도 거론했지만 파괴력은 그다지 없을 것으로 본다. 나는 최근 펴낸 정치비평서 『F학점의 그들』에서 이 둘은 아예 뺐다. 가능성이 없다고 봐서 그랬다.

윤석열의 힘을 나타내는 여론조사가 나와 눈길을 끌었다. 여든,

야든 윤석열을 무시할 수 없을 듯하다. 나는 여러 차례 얘기한 것처럼 윤석열의 인기가 1회성으로 그칠 것으로 보지 않는다. 그동안 반짝했던 고건 전 서울시장이나 반기문 전 유엔사무총장의 인기와는 다르다고 여긴다. 윤석열은 이들에 비해 뚝심이 훨씬 세다. 이른바 '깡'이 있다고 할까.

아시아경제가 윈지코리아컨설팅에 의뢰해 지난 15~16일 설문한 결과에 따르면, 다음 대선에서 이낙연 민주당 대표와 윤석열 총장이 가상 양자대결을 펼칠 경우 이 대표는 42.3%, 윤 총장은 42.5%로 오차범위 내에서 윤 총장이 0.2%포인트 앞섰다. 이재명 지사와 윤석열 총장의 가상 양자대결에서는 이 지사 42.6%, 윤 총장 41.9%로 격차는 역시 오차범위 내였다. 윤석열의 저력을 보여주었다고 할 수 있다.

민주당 대선후보 적합도 조사에서는 이재명 지사가 25.1%, 이낙연 대표가 22.7%로 오차 범위 내 양강이었다. 정세균 국무총리는 5.9%로 의미 있는 3위를 했다. 앞으로 정 총리의 행보를 눈여겨 볼 필요가 있다. 치고 올라올 공산이 커서다. 여기에 친문이 정세균을 밀 경우 양강 판도가 깨질 수 있다. 친문이 이재명을 지지할 확률은 제로에 가깝다. 이낙연과 정세균을 놓고 저울질 할 듯하다. 물론 김경수 경남지사가 기사회생한다면 이마저도 바뀔 수 있다.

중도보수 범야권 대선후보 적합도에서는 윤석열 총장이 25.5%로 선두였으며, 유승민 전 의원 11.0%, 홍준표 무소속 의원 10.8%, 안철수 국민의당 대표 7.6%, 오세훈 전 시장 6.1%, 김종인 비상대책위원장 2.5% 등의 순이었다. 윤석열을 빼곤 고만고만하다. 눈에 확 띄어야 하는데 그런 후보를 찾을 수 없다. 야권의 딜레마이기도 하다. 그럴수록 윤석열의 주가는 뛸 것으로 점쳐진다.

이낙연 이재명 윤석열 3강 체제는 당분간 계속될 것으로 보인다. 정세균 총리가 대권경쟁에 본격적으로 뛰어들면 상황이 달라질 터. 정세균은 그때까지 몸집을 불릴 게 틀림없다. 민주당 안팎에서도 정세균을 주목해야 한다는 목소리가 커지고 있다. 이낙연과 한 판 승부가 예상된다. 반면 윤석열의 정치 입문은 여전히 미지수이다. 나는 정치를 할 가능성이 더 높다고 보지만.

추미애의 좌충우돌, 법무행정도 망가뜨린다

2020년
11월 14일

추미애 관련 칼럼을 쓰지 않으려고 해도 안 쓸 수 없다. 계속 일을 저지르기 때문이다. 장관이 이른바 사고를 치니 법무부 참모들도 대략 난감해하는 것 같다. 상식을 벗어난 장관의 행동이 거듭돼서 하는 말이다. 추미애도 판사 출신의 법률가다. 누구보다도 법을 잘 안다고 할 수 있다. 그런데 장관이 된 뒤 보여준 행동은 법률가의 그것과 거리가 멀다.

법무장관은 법치法治에 앞장서야 한다. 하지만 추미애는 그것을 역행하는 일이 잦다. 오죽하면 민변과 참여연대, 그리고 서울변호사회까지 추미애를 질타하고 나섰을까. 참다못한 이들 단체도 추미애 때리기에 나섰다. 이제 추미애 편은 없다시피 하다. 오직 한 무리만 있다. 친문이 그들이다. 친문은 여전히 추미애를 지지하고 있다. 추미애는 윤석열과 반대행보를 걷고 있어서다.

추 장관이 '피의자 휴대전화 비밀번호 공개법' 추진을 지시하자

시민사회단체들이 강하게 비판했다. 민주사회를 위한 변호사모임 (민변)은 13일 성명을 내고 "헌법은 누구나 형사상 자기에게 불리한 진술을 강요당하지 않을 자기부죄거부의 원칙을 밝히고 있다"면서 "헌법상 진술거부권을 침해하는 추 장관의 법률 제정 검토 지시를 규탄한다"고 밝혔다.

민변은 "진술거부권은 피의자와 피고인의 방어권을 실질적으로 보장하는 최소한의 장치"라며 "진술 거부 대상인 휴대폰 비밀번호를 밝히지 않는다고 제재한다면 헌법상 진술거부권과 피의자의 방어권을 정면으로 침해하게 된다"고 지적했다. 이어 "헌법상 자기부죄거부의 원칙, 피의자와 피고인의 방어권 보장이라는 헌법적 요청 등에 비춰 법무부장관은 위 법률 제정 검토 지시를 반드시 철회해야 한다"고 촉구했다.

참여연대도 이날 발표한 논평을 통해 "과거 이명박 정부가 도입을 추진했다가 인권 침해 논란이 일어 폐기된 '사법방해죄'를 도입하겠다는 것"이라며 "법무부는 반인권적이고 검찰개혁에 역행하는 제도 도입 검토를 즉각 중단해야 한다"고 주장했다. 아울러 "검찰에 휴대폰 비밀번호를 제공하지 않으면 처벌한다는 발상은 사생활 비밀 보장이라는 헌법 취지에 정면 역행한다"면서 "국민 인권을 보호하고 검찰의 반인권적 수사 관행을 감시·견제해야 할 법무부가 개별사건을 거론하며 이런 입법을 검토하겠다는 것은 본분을 망각한 것"이라고 지적했다.

서울지방변호사회 역시 추미애를 때렸다. 서울변회는 "추미애 법무부 장관은 인권 침해적인 법률 제정 검토 지시를 즉각 철회하고, 국민 앞에 책임지고 사과하라"고 요구했다. 서울변회는 "국민의 인권을 최대한으로 보장해야 할 의무가 있는 법무부 장관이 수사 편의적인 발상으로 국민의 인권 침해에 앞장서고 있는 점에 대해 깊은 유감을 표한다"면서 "사회정의의 마지막 보루여야 할 법무부장관으로서 추 장관의 최근 언행은 매우 부적절하다"고 꼬집었다.

추미애가 이처럼 질타를 받고 있는 데도 말릴 사람이 없다. 그는 지금 이성을 잃은 것 같기도 하다. 국민의힘이 광인狂人 전략을 쓰지 말라고 할 만하다. 추미애의 요즘 행태를 보면 미친 짓이라고 해도 할 말이 없게 됐다.

윤석열과 금태섭이 주목받는 이유

정치는 생물이라고 한다. 그래서 아무도 모른다. 때론 한 치 앞을 내다볼 수 없을 때도 있다. 내년 서울시장 보궐선거도, 2022년 대통령 선거도 그럴 가능성이 크다. 현재 거론되는 후보들이 마지막까지 살아남아 있으리란 보장도 없다. 30년 이상 정치판을 보면서 느낀 게 있다. 무엇보다 치고 올라오는 사람이 더 무섭다고.

정치에서는 영원한 강자가 없다. 시시각각 변한다. 흐름을 잡는 사람이 유리하다. 그러나 대세론을 유지하는 것도 어렵다. 최근 상황만 보더라도 그렇다. 대권주자 1위는 이낙연 민주당 대표와 이재명 경기지사의 전유물로 비쳐졌다. 둘이 당분간 1위 다툼을 벌일 것으로 보았다. 그러나 윤석열 검찰총장이 단박에 그 구도를 깨트렸다. 1위로 당당히 올라선 것. 윤석열에게 탄력이 붙었기 때문이다.

현재 가장 주목받은 사람은 윤석열과 금태섭 전 의원이다. 금태섭도 검사 출신, 윤석열과 금태섭은 서울법대, 검사 선후배 사이이 기도 하다. 이들이 우리 정치판을 흔들어 놓을 공산이 적지 않다. 둘에게는 공통점이 있다. 현재 문재인 정부로부터 핍박을 받고 있거나 받았던 적이 있다. 따라서 반문 정서가 이들을 뒷받침해 준다고 할 수 있다. 그것은 지지율로 나타나고 있다.

금태섭은 작년 조국 사태 때도 '노'를 했다. 공수처를 만드는 데도 반대했다. 소신을 피력하다가 당의 눈 밖에 났고, 결국 경선에서 져 공천도 받지 못했다. 당과 각을 세우고 있는 사람에게 표를 줄 리 없어서다. 민주당은 공천에서 탈락한 사람을 징계하기도 했다. 금태섭은 결국 민주당을 나왔다. 다른 목소리를 낸다고 린치를 가하는 곳이 민주당이다.

나는 오풍연 칼럼을 통해 다소 과격한 주장을 하기도 했다. 작년 12월 31일에는 '한국당 대표 금태섭 카드를 생각해 봐라'는 칼럼도 썼다. 만약 나의 주장대로 금태섭을 한국당의 얼굴로 내세웠더라면 총선 결과가 어땠을까. 야당의 참패는 없었을 것으로 본다. 모두 특효약이 필요하다고 할 때는 그럴 만한 이유가 있다. 한국당은 그것을 간과했고, 결과는 참패로 이어졌다.

나는 이런 생각도 해본다. 금태섭과 윤석열이 기존 정당에 들어가지 말고 새로운 길을 모색하면 어떨까 하고. 제3지대를 만드는 것이다. 지금 국민들은 민주당에도, 국민의힘에도 염증을 느끼고 있다. 정말 괜찮은 사람들이 정치결사체를 만들면 그들을 밀어줄 것 같기도 하다. 물론 나도 그럴 마음이 있다. 우리 정치판을 바꾼다면 무조건 찬성이다.

한마디로 지금 정치판은 썩었다. 싹 도려냈으면 좋겠다. 윤석열이라면, 금태섭이라면 그것을 할 수 있을 것 같기도 하다. 국민들이 그들을 응원하고 있기 때문이다. 솔직히 제1야당인 국민의힘도 기댈 게 없다. 김종인 같은 사람이 버티고 있으니 말이다. 그런 당에 들어가면 그 밥에 그 나물이 되고 만다. 우리나라서 3지대는 쉽지 않다. 성공한 사례도 없다. 하지만 윤석열과 금태섭이 뭉치면 못 할 것도 없다고 본다. 내 생각임은 물론이다.

추미애는
걸핏하면 남 탓을 한다

어제 여의도 정가는 하루 종일 윤석열 검찰총장의 대권주자 지지율 1위로 시끄러웠다. 윤석열을 일약 스타로 만든 것은 바로 여야 정치권이다. 그럼에도 여야는 서로 남 탓을 했다. 부끄러운 민낯을 드러냈다고 할까. 여도 그렇고, 야도 마찬가지다. 책임이 자신들에게 있는데도 그것을 돌린다. 윤석열 1위는 국민들이 여야 정치권을 심판한 데 따른 것이다.

여야는 이를 놓고 똑같이 볼썽사나운 모습을 보여주었다. 자기들 입맛대로 해석했다. 민주당 정청래 의원은 국민의힘에 사람이 없다고 비꼬았다. 그래서 윤석열이 떴다고 했다. 정청래 역시 시야가 좁다. 윤석열이 그동안 1위를 놓고 경쟁했던 이낙연 민주당 대표와 이재명 경기지사를 제친 것은 말하지 않았다. 사실 현직 검찰총장에게 1위 자리를 내준 것은 창피한 일이다. 머쓱해하는 것이 맞다는 뜻이다.

여러 의원이 나름 해석을 내놓았다. 그중 가장 눈에 띈 사람은 하태경 국민의힘 의원이다. 그의 분석을 살펴본다. 그는 11일 "오늘 윤 총장이 대선후보 지지율 1위를 했다. 앞으로 추미애 법무부 장관의 '윤석열 때리기'는 훨씬 강화될 것"이라며 "추미애가 윤석열 검찰총장을 때리는 이유는 자기정치 장삿속 때문"이라고 꼬집었다.

하 의원은 "추 장관의 윤 총장 때리기 본질은 윤 총장에게 어떤 잘못이 있어서가 아니라 추 장관의 자기 장사에 있기 때문"이라며 "친문 진영은 추 장관에게 속고 있다. 친문 지지자들은 추 장관이 윤 총장을 계속 때리니 윤 총장에게 비리가 있다고 믿는 것 같지만 추 장관의 '정치 잇속 채우기'가 본질"이라고 말했다. 나도 하 의원의 의견에 동의한다. 지금 추미애는 자기 정치를 한다고 볼 수 있다. 그 이상도 이하도 아니다.

하태경은 "친문 진영에서는 조국 전 법무부장관 사건 때부터 윤 총장을 공적으로 만들었다"면서 "때문에 윤 총장을 때리면 친문 내에서 지지를 받고, 추 장관은 이런 친문 정서를 이용해 자기 장사를 하는 것"이라고 했다. 이어 "추 장관은 나라 생각도 법치주의 생각도 심지어 자기 당 걱정도 없다. 오직 자기 정치적 주가 생각뿐인 사람"이라며 "자신의 정치적 잇속이 채워지면 당 지지도가 떨어지든 국가 법치가 만신창이가 되든 상관 안 한다"고 비판했다.

추미애는 윤석열이 1위로 뜬 데는 언론의 책임도 있다고 했다. 정말 좌충우돌이다. 하다하다 언론 탓을 하니 말이다. 그는 "지금처럼 보수·진보 언론 가리지 않고 (윤석열)띄우기를 하고 있다"면서 "신분이 보장된 공무원이 정치적 중립을 위배하면 검찰은 적발해서 수사하고 기소해야 할 입장에 있는데 수사와 기소를 담당하는 검찰이 스스로의 중립은 지키지 않는다면 그 수사와 기소를 누가 신뢰할 수 있겠나"라고 반문했다.

윤석열을 띄운 1등 공신은 뭐니뭐니해도 추미애라는 데 이론의 여지가 없다. 추미애가 윤석열을 공격할수록 윤석열의 지지율은 더 올라갔다. 그게 민심이기도 하다. 그것마저도 남의 탓으로 돌리니 할 말이 없다.

윤석열, 마침내 대권주자 1위 올랐다

내 예상이 맞았다. 나는 지난 2일 '윤석열 전체 지지율 1위도 멀지 않았다'라는 오풍연 칼럼을 쓴 바 있다. 그의 1등은 시간문제로 보았던 것이다. 이 같은 예측은 정치판을 30년 이상 지켜봐온 결과라고 할 수 있다. 지금까지 내 예상이 빗나간 적은 별로 없다. 있는 그대로를 봐서 그럴 게다. 지난 2일 칼럼을 일부 소개한다.

"정치에 있어 가장 중요한 것은 지지율. 윤석열의 지지율 또한 고무적이다. 나는 조만간 여야 통틀어 1위에 올라설 것으로 예상한다. 치고 올라오는 기세가 무섭기 때문이다. 이재명과 이낙연은 한계가 있다. 둘 다 25%는 넘지 못할 것으로 본다. 만약 김경수 경남지사가 오는 6일 항소심에서 무죄를 선고받으면 상황이 또 달라질 터. 민주당은 당장 3파전이 될 수밖에 없고, 20%를 넘기는 후보조차 없을 공산이 크다."

나의 예상대로 윤석열이 대권주자 선호도 1위에 올랐다. 여야를 통틀어서다. 쿠키뉴스 의뢰로 여론조사기관 한길리서치가 지난 7일부터 9일까지 전국 만18세 이상 유권자 1,022명을 대상으로 '여야 차기 대선후보 지지도'를 조사해 11일 발표한 결과에 따르면 윤 검찰총장을 지지한다는 응답이 24.7%로 가장 높았다. 또다시 예상한다. 조만간 25% 벽을 넘어 30%에 이를 것이라고.

그동안 1위와 2위를 주고받던 이낙연 민주당 대표와 이재명 경기지사는 뒤로 밀렸다. 이 대표는 22.2%, 이 지사는 18.4%로 2·3위를 각각 차지했다. 이어 무소속 홍준표 의원 5.6%, 국민의당 안철수 대표 4.2%, 정의당 심상정 대표 3.4% 순이었다. 기타인물은 3.4%, 없다는 12.9%, 잘 모름·무응답은 4.3%를 기록했다. 윤석열 1위는 1회성으로 끝날 것 같지는 않다.

다음 주 나의 새 책이 나온다. "이달 중순쯤 나올 예정인 나의 13번째 책『F학점의 그들』에서 윤석열 검찰총장은 뺐다. 이 책에서는 대권주자 12명을 다룬다. 윤석열이 들어가는 게 맞다. 하지만 그의 임기(2년)를 존중해 제외했다. 당초 원고에는 윤석열이 들어가 있었다. 윤석열을 정치인으로 볼 수는 없다. 그가 현재 정치를 하고 있다는 주장은 주장일 뿐이다. 지금은 검찰총장이다." 지난 번 칼럼에 쓴 대목이기도 하다.

정치를 하고, 안 하고는 윤석열의 판단에 달렸다. 하지만 정치권, 특히 여권이 그로 하여금 정치를 하게끔 만들고 있다. 정치는 그렇다. 자의 반, 타의 반으로 발을 들여놓기도 한다. 윤석열은 그럴 가능성이 크다. 현직 검찰총장이 정치판을 뒤흔드는 것도 아이러니다.

사람들은
왜 추미애를
더 나쁘다고 할까

　나한테 추미애를 그만 때리라고 하는 사람들도 적지 않다. 그러고 보니까 추미애를 칭찬한 적이 한 번도 없다. 내 눈에는 그렇게 비쳤기 때문이다. 내 양심을 속이면서까지 추미애를 두둔할 수는 없었다. 그럼 나만 그럴까. 국민 여론도 나와 크게 다르지 않았다. 추미애와 윤석열 둘 중 추미애가 잘못하고 있다는 사람이 훨씬 많았다. 그 비율은 3대 2다.

　추미애 법무장관은 스스로 매를 번다. 미운 말만 골라서 한다. 검찰 특활비만 해도 그렇다. 윤석열 검찰총장을 골탕 먹이려고 특활비 얘기를 꺼냈다가 오히려 추미애 본인이 검찰 수사를 받게 됐다. 법무부장관은 검찰총장에게서 특활비를 얻어 쓰고 있는 까닭이다. 장관이 특활비를 쓰면 안 되는 데도 말이다. 부메랑으로 돌아왔다고 할까.

　8일 엠브레인퍼블릭·케이스탯리서치·코리아리서치·한국리서치 등 4개 여론조사 기관이 지난 5~7일 전국 성인 1,002명을 대상으로 공동으로 수행한 전국지표조사 결과(신뢰수준 95%에 표본오차 ±3.1%포인트)에 따르면 추 장관과 윤 총장의 갈등의 책임 소재를 묻는 질문에 "추 장관이 책임이 크다"고 응답한 비율이 36%로 집계됐다. 반면 윤 총장의 책임이 더 크다는 응답은 24%에 그쳤다. 둘다 비슷하다는 응답도 24%에 달했다.

국민 전체의 의견으로 볼 수는 없지만, 대다수 국민들은 추미애 잘못을 더 지적한다고 할 수 있겠다. 그것은 추미애가 국민을 피곤하게 하는 까닭이다. 걸핏하면 수사지휘권과 감찰권을 발동하고, 윤석열 흠집내기에 혈안이 되어있다시피 하는 것과 무관치 않다. 따라서 안정감을 주지 못한다. 장관의 체통을 버린 지 오래다. 딱한 사람, 윤석열만 잡으면 된다는 투로 법무행정을 운영하고 있다.

특활비 문제도 잘못 건드렸다. 추미애는 지난 5일 법사위 전체회의에 출석해 "대검찰청에서 올해 (특활비를) 94억 원 일괄 수령해 임의로 집행한다. 어떻게 썼는지는 법무부에 보고하지 않아 알 수가 없다"면서 "(윤석열 검찰총장이) 특활비를 주머닛돈처럼 사용한다"고 의혹을 제기했다. 당시 여당 의원들도 "검찰총장이 자신의 측근이 있는 검찰청에는 특활비를 많이 주고, 마음에 안 들면 조금 준다"(소병철 의원), "대선 후보(윤 총장)가 특활비 84억 원을 영수증 없이 현금을 집행한다는 게 있을 수 있는 일이냐"(김종민 의원)고 따졌다.

법사위 소속 여야 의원들은 9일 오후 2시 대검찰청을 찾아 부서별 특활비 지급 근거와 사용처 등의 근거가 담긴 서류를 현장 검증한다. 특활비는 검찰·경찰 등 수사기관과 국가정보원 등 정보기관의 수사·정보활동에 사용되는 돈이다. 사용처와 구체적인 지출 내역 등이 공개되지 않는다. 이런 돈을 법무장관도 썼다면 안 될 일이다.

이에 앞서 법치주의 바로 세우기 행동연대(법세련)는 8일 오전 추장관의 특활비 횡령이 의심된다며 대검찰청에 수사를 의뢰했다. 이는 간단한 문제가 아니다. 관행이라 하더라도 문제가 될 소지가 크다. 추미애의 자업자득이다.

윤석열이 그렇게 미운가

사람 미운 것은 못 본다고 한다. 지금 윤석열 검찰총장이 그렇다. 여권의 윤석열에 대한 압박은 정말 눈 뜨고 못 봐주겠다. 이것을 유식한 말로 목불인견目不忍見이라고 한다. 어린아이들 투정 부리는 것 같기도 하다. 기도 안 찬다는 뜻이다. 그 맨 앞에는 추미애 법무장관이 있다. 그는 윤석열을 잡으려고 혈안이 되어 있다. 매사가 윤석열 흠집내기다.

윤석열을 해임하면 쉽게 끝날 일인데도 그것마저 못 하고 있다. 여론이 무서워서다. 현재 윤석열의 인기는 식을 줄 모른다. 아니 더 올라간다. 여권이 그를 대권주자로 만들어주고 있다고 할까. 탄압을 받는 것 같으면 동정심도 생기게 되어 있다. 그것은 지지율로 이어진다. 그게 바로 정치이기도 하다. 윤석열은 가만히 있는데도 정치권이 왈가왈부한다.

지금은 윤석열이 무슨 말을 하더라도 정치적으로 해석한다. 지극히 원론적인 얘기마저도 정치 색깔을 입힌다. 윤석열을 정치인으로 만든 사람은 여권이다. 그들이 정치인 프레임을 씌워 공격하니까 그렇게 되고 있다. 하나만 알고 둘은 모르는 사람들이다. 추미애는 말할 것도 없고, 청와대도 마찬가지다. 문재인 대통령만 직접적 언급을 삼가고 있는 상태다.

어제 열린 법사위 전체회의도 가관이었다. 추미애는 창피한 줄도 몰랐다. 하긴 얼굴이 워낙 두꺼우니까 그러려니 한다. 추미애는 검찰에 배정된 특수활동비가 윤 총장의 대선자금으로 쓰일 수도 있다는 주장을 제기했다. 정말 기발하다. 특활비를 정해진 용도가 아닌 사적으로 쓸 경우 횡령죄와 국고손실죄에 해당할 수 있다는, 가정에 기반한 주장으로 여겨졌다.

민주당 의원들이 묻고 추미애가 맞장구를 쳤다. 한번 들여다보자. 김종민 의원은 "윤석열 검찰총장이 대선에 나가네 마네 하고 있다. 대선후보가 대선 1년을 앞두고 84억 원 현금을 영수증 없이 집행한다는 게 있을 수 있는 일이냐"며 "개인 돈도 선거법에 걸리는데 이것은 국가 예산"이라고 주장했다. 이에 추 장관은 "(지방검찰)청을 순시한다거나 할 때 (쓴다)"며 "총장 주머닛돈처럼…"이라고 장단을 맞췄다. 윤 총장의 최근 지방검찰청 방문을 겨냥한 발언으로 볼 수 있다. 윤 총장이 자기 마음대로 쓴다는 투였다.

김용민 의원은 윤 총장이 특활비를 사적으로 썼을 경우를 가정해 '횡령죄'와 '국고손실죄'가 성립될 수 있다고 강조했다. 그는 "윤 총장이 조선일보·중앙일보 사주를 만나 술과 밥을 사주면서 '앞으로 대선 도전할 테니 기사 잘 써 달라'고 해도 알 수 없는 것 아니냐"면서 "정치하고 싶은 정당 관계자를 만나 밥을 사면서 '손을 잡고 싶다'고 해도 모르지 않느냐"고 추측했다. 유치하기 짝이 없는 추론이기도 하다. 김용민답다.

이어 소병철 의원이 "대검 특활비 배정을 검찰총장 맘대로 해서, 측근에게는 많이 주고 마음에 안 들면 적게 준다"고 하자, 추미애는 "서울중앙지검에서 최근까지 특활비가 지급된 사실이 없어 상당수 수사진이 애로를 겪고 있다는 얘기도 듣고 있는 형편"이라고 화답했다. 모두 소설 같은 얘기임은 물론이다.

추미애 퇴진과
검찰개혁

추미애 법무장관은 말끝마다 검찰개혁을 얘기한다. 기승전 '검찰개혁'이다. 사실 추미애에게 명분이 있을 리 없다. 때문에 검찰개혁만 부르짖는다고 할 수 있다. 그 모습이 딱하기도 하다. 호응하는 사람도 별로 없다. 특히 검찰 내부 구성원들로부터는 추미애 자신이 개혁, 즉 교체대상이다. 이런 사람이 무슨 개혁을 할 수 있겠는가. 그것은 소가 웃을 일이다.

개혁을 하려면 그 자신도 솔직하고 당당해야 한다. 지금 추미애에게서 그것을 찾아볼 수 있는가. 오직 오기만 보일 뿐이다. 추미애는 동력을 모두 잃었다. 그가 무슨 말을 한들 먹히지 않는다. 오죽하면 300여 명의 검사들이 "나도 자르라"고 장관에게 덤비겠는가. 검사들도 바보는 아니다. 불이익을 감수하고, 그 같은 주장을 펼 때는 장관도 되돌아보아야 한다. 추미애는 불리하다 싶으면 눈을 감는다. 그러면서 자기 보고 싶은 것만 본다.

추미애가 살길은 딱 하나라고 생각한 듯하다. 윤석열 검찰총장을 공격하는 것. 그를 낙마시켜야만 자기의 입지가 넓어진다고 착각하고 있을 터. 속 좁은 인물의 전형이다. 추미애는 나쁜 버릇을 버리지 못하고 있다. 걸핏하면 수사지휘권과 감찰권을 발동하는가 하면 입장문을 수시로 발표하고 있다. 추미애는 행정을 하는 것이 아니라 자기 정치를 하고 있다. 이에 반대하면 반개혁세력으로 몰아붙이고 있다. 장관이 앞장서 편을 가르고 있는 셈이다.

추미애는 3일 오후 법무부 출입기자들에게 보낸 입장문에서 "국민청원에 담긴 국민들의 비판과 우려를 심각하게 받아들이며, 검사들의 다양한 의견에도 귀를 기울이고 있다"면서 "검사들도 개혁의 길에 동참해 줄 것을 기대한다"고 말했다. 검찰개혁을 또 꺼냈다. 이제는 그 개혁도 지긋지긋하다. 아마 윤 총장과 검사들이 반대해 지지부진하다고 남탓을 할 게다. 추미애의 단골 메뉴라고 할까.

어제 추미애가 입장문을 낸 속뜻은 따로 있다. 윤석열 흠집내기가 본래 목적이다. 그는 "권력기관으로서 검찰의 정치적 중립은 그 어느 기관보다 엄중하게 요구된다"면서 "그 정점에 있는 검찰총장의 언행과 행보가 오히려 검찰의 정치적 중립을 훼손하고 국민적 신뢰를 추락시키고 있는 작금의 상황을 매우 중차대한 문제라 생각한다"고 했다. 누가 할 말을 하는지 모르겠다. 그 같은 지적은 추미애가 받아야 마땅하다.

우리 국민은 추미애의 좌충우돌을 언제까지 보아야 할까. 국민의 인내심도 한계가 있다. 지금은 추미애를 물러나게 하는 것이 답이다. 윤석열과 동반퇴진이 답이기는 하다. 정녕 국민을 위한다면.

윤석열 전체 지지율 1위도 멀지 않았다

　이달 중순쯤 나올 예정인 나의 13번째 책 『F학점의 그들』에서 윤석열 검찰총장은 뺐다. 이 책에서는 대권주자 12명을 다룬다. 윤석열이 들어가는 게 맞다. 하지만 그의 임기(2년)를 존중해 제외했다. 당초 원고에는 윤석열이 들어가 있었다. 윤석열을 정치인으로 볼 수는 없다. 그가 현재 정치를 하고 있다는 주장은 주장일 뿐이다. 지금은 검찰총장이다.

　나는 윤석열의 정치참여를 점친다. 그 가능성을 묻는다면 55%다. 무엇보다 시대가 그렇게 만들었다. 윤석열이 처음부터 정치를 생각했을 리 없다. 그러나 반기문 전 유엔 사무총장이나 황교안과 또 다르다고 생각한다. 윤석열은 이 둘에 비해 맷집이 강하다. 멘탈도 뛰어나다. 정치인이 갖추어야 할 덕목을 지녔다고 할 수 있다. 언제 정치에 뛰어들어도 역할을 할 사람이다.

　정치에 있어 가장 중요한 것은 지지율. 윤석열의 지지율 또한 고무적이다. 나는 조만간 여야 통틀어 1위에 올라설 것으로 예상한다. 치고 올라오는 기세가 무섭기 때문이다. 이재명과 이낙연은 한계가 있다. 둘 다 25%는 넘지 못할 것으로 본다. 만약 김경수 경남지사가 오는 6일 항소심에서 무죄를 선고받으면 상황이 또 달라질 터. 민주당은 당장 3파전이 될 수밖에 없고, 20%를 넘기는 후보조차 없을 공산이 크다.

윤석열이 이낙연 민주당 대표와 이재명 경기지사를 바짝 쫓는 여론조사 결과가 나왔다. 리얼미터가 오마이뉴스 의뢰로 10월 26~30일 여야 주요 정치인 14인을 대상으로 차기 대선주자 선호도 조사를 실시한 결과에 따르면 윤 총장은 전달보다 6.7%포인트 상승한 17.2%의 선호도를 기록, 자신의 최고치를 경신하며 야권 1위를 차지했다. 각각 21.5%로 공동 선두를 차지한 이 대표 · 이 지사와의 격차를 좁히며 3강 구도를 나타냈다.

이들 3강에 이어 안철수 국민의당 대표(4.9%), 홍준표 무소속 의원(4.7%), 오세훈 전 서울시장(3.6%), 황교안 전 미래통합당 대표(3.3%), 추미애 법무부 장관(3.1%), 원희룡 제주지사(3.0%), 김경수 경남지사(2.2%), 유승민 전 의원(2.2%), 주호영 국민의힘 원내대표(1.5%), 심상정 정의당 의원(1.3%), 김부겸 전 민주당 의원(1.0%) 순으로 집계됐다. 야권 후보 중 5%를 넘는 사람은 윤석열 뿐이다.

따라서 윤석열에게 표가 몰릴 가능성도 적지 않다. 그럼 20% 돌파도 시간문제다. 게다가 윤석열이 문재인 정권으로부터 더 탄압받으면 지지율은 올라가게 되어 있다. 그게 바로 정치다. 윤석열이 당장은 움직일 필요도 없다. 그대로 있으면 된다. 국민들이 그를 성원하고 있기에.

추미애, 조국, 정말 눈 뜨고 못 봐주겠다

평검사에게 법무부장관은 거대한 권력이다. 법무장관이 자신의 인사권을 쥐고 있기 때문이다. 그런 법무장관에게 대드는 것은 상상하기 어려운 일이다. 그럼에도 추미애 장관의 만행을 규탄하는 평검사가 있어 29일 새벽 그것을 격려하는 오풍연 칼럼을 쓴 바 있다. 제목은 '제주지검 이환우 검사의 결기에 박수를 보낸다'였다.

이 같은 칼럼이 네이버나 다음에 메인으로 노출되기도 했다. 나도 뒤끝이 작렬할 줄은 몰랐다. 그런데 추미애와 조국이 이 검사를 협공하고 나섰다. 이 검사의 과거 행적을 문제 삼아 커밍아웃 하느냐고도 했다. 정말로 말이 안 나온다. 막가파와 다름없다. 둘은 장관의 품격을 함께 떨어뜨리고 있다. 추미애도 그러려면 장관직을 내려놓고 싸워야 한다. 장관 완장을 차고 있는 한 불공정하다. 그것을 모르는가.

추미애는 이날 오전 페이스북에 글을 올려 '이환우 검사는 동료

검사 약점 노출을 막으려 피의자를 20일간 독방에 구금하고 가족 면회까지 막은, 부적절하게 권한을 남용한 검사'라는 내용의 언론 보도를 공유하면서 "좋다. 이렇게 커밍아웃해 주시면 개혁만이 답"이라는 글을 남겼다. 조국 전 장관도 자신의 SNS에 "추미애 장관을 공개 비판한 제주지검 이환우 검사는 어떤 사람?"이라는 글을 적으며 추 장관을 거들었다.

못난 남매를 보는 것 같다. 이들은 양심조차 버렸다. 눈에 콩깍지가 씌었다고 말한다. 이들 눈에는 보이는 게 없는 듯하다. 대학생이 초등학생과 다투는 격. 그럼 누굴 탓하겠는가. 둘은 욕먹는 짓을 골라 한다. 대한민국 법무장관으로 있거나 했던 사람의 현주소다. 하나만 알고 둘을 모르는 사람들이다. "옳거니 잘 걸렸다"고 쾌재를 부르는 모양이다.

검찰 내부는 부글부글 끓고 있다고 한다. 안 그러면 그 조직 또한 정상이 아니다. 이 검사가 올린 글에 댓글 형식으로 의견을 나타내고 있다. 인천지검 정유미 인권감독관은 "검사가 내부게시판에 자기 의견을 게시했다고, 무려 전 장관과 현 장관 두 분이 좌표를 찍었네요. 치졸하고 졸렬하다는 단어가 이럴 때 쓰라고 있는 건가 봅니다"라며 "민주주의 국가에서 누군가 자기 의사를 표현했다는 이유로 대놓고 좌표 찍어 탄압하는 것은, 그들 스스로 민주주의와는 거리가 멀다는 것을 만천하에 자백하는 것에 불과합니다"라고 했다.

통영지청 강백신 부장검사도 "정말 경험하지 못한 검찰권 운용의 모습을 보는 듯합니다. 과거에는 보지 못했던 수많은 선례들이 만들어지고 그와 같은 선례가 악용될 장래가 눈에 그려집니다"라고 혀를 찼다. 청주지검 정희도 부장검사는 "법무부장관이란 분들이, 검찰개혁을 진정으로 바라는 평검사를 이리 대해도 되는가요?"라며 "정말 어이없는 현실에 분노합니다. 이 검사님, 함께하겠습니다. 힘내십시요!!!"라는 댓글을 남겼다.

검란檢亂으로 이어지지 않을까도 싶다. 심상치 않다. 추미애의 칼춤이 언제 멈출지 모르겠다. 한마디로 비극이다.

윤석열 지지율 15% 돌파, 대망론 다시 불붙었다

이번 주 있을 대권주자 여론조사는 어떻게 될까. 윤석열 검찰 총장의 지지율이 궁금하다. 이전까지는 대략 10%를 오르내렸다. 국정감사 효과가 나타날 듯하다. 내려갈 리는 없을 터. 그렇다면 15% 선을 돌파할까. 만약 15%를 넘으면 야당도 그를 다시 볼 것이다. 다른 후보들은 고만고만한 지지율을 보이고 있기 때문이다. 윤석열 대세론이 형성될 가능성도 높다. 정치는 생물과 같아서.

내가 지난 26일 오풍연닷컴ohpoongyeon.com에 올린 글이다. 그런 예상이 빗나가지 않았다. 28일 발표된 여론조사 결과 15%를 돌파했다. 더 무서운 속도로 치고 올라갈 공산도 크다. 그게 바로 정치다. 윤석열을 이렇게 만든 1등 공신이 있다. 바로 문재인 정권이다. 그를 때리면 때릴수록 지지율은 올라가기 마련이다. 그것을 모르는 여권이 바보다.

여론조사 전문기관 알앤써치가 지난 25~26일 전국 성인 1,032

명을 대상으로 '차기 정치 지도자 적합도'를 조사한 결과 윤석열이라고 응답한 비율은 15.1%로 나타났다. 이는 지난 8월 조사(9월은 조사 결과 없음)에 비해 1.0%포인트 오른 수치다. 이번 조사에서 적합도 1위는 이재명 경기지사(22.8%)였고, 2위는 더불어민주당 이낙연 대표(21.6%)였다.

윤석열은 무소속 홍준표 의원(6.8%), 국민의당 안철수 대표(5.8%), 국민의힘 오세훈 전 의원(3.1%), 유승민 전 의원(3.0%), 황교안 전 대표(2.5%) 등 야권 잠룡들의 선호도를 크게 뛰어넘은 것으로 조사됐다. 여기서 오세훈 유승민 황교안 등은 별로 변수가 못 된다. 윤석열 지지율이 20%를 돌파할지도 모른다. 지금과 같은 추세라면 충분히 기대해 볼 만하다.

나는 이 같은 윤석열의 지지율을 1회성으로 보지 않는다. 보수 진영의 간판으로 삼기에 부족하지 않다. 국감에서 그 진면목을 보여주었다. 민주당 의원들이 나서 윤석열을 때리지만 윤석열 자신도 아파하지 않을 것이다. 여권의 매는 이제 솜방망이가 되어 버렸다. 그런 매는 휘두를 필요가 없다. 김용민 의원과 김남국 의원 등 애송이들이 나서는 것은 그렇다 치자. 그들은 철이 없다. 여기에 중진까지 가세해 더욱 볼썽 사납게 한다.

윤석열은 지금처럼 하면 된다. 서두를 필요도 없다. 이른바 인기관리는 여권이 해주는 까닭이다. 그냥 기다려도 손해 볼 게 없다. 모든 정치인들이 지지율에 목을 맨다. 그런데 윤석열은 상대적으로 여유가 있다. 하늘이 도운다고 할까. 그것도 실력이라면 실력이다. 정치는 참 알 수 없다. 현직 검찰총장이 정치권의 주목을 받으니 말이다. 윤석열 대망론은 현재 진행형이다.

추미애-윤석열
싸움 구경만 하는 청와대

　이쯤 되면 갈 데까지 갔다고 할 수 있다. 검찰총장은 법무장관을 공개적으로 저격하고, 법무장관은 검찰총장의 사퇴를 사실상 압박하고. 때문인지 "이게 나라냐"는 말을 심심찮게 들을 수 있다. 내가 보아도 지극히 비정상이다. 그런데 풀릴 기미가 안 보인다. 윤석열 검찰총장은 문재인 대통령이 임기를 지키라고 했다고 공개한 반면 추미애 법무장관은 그럴 리 없을 것이라고 엇박자를 놓고 있다. 이러다보니 대통령까지 끌어들여 판이 더 커지게 됐다.

　나는 처음부터 똑같은 주장을 폈다. 추미애나 윤석열 중 하나가 죽어야 싸움이 끝난다고. 그러나 둘 다 그럴 마음이 없다. 끝까지 가보겠다고 한다. 둘이 자존심 대결을 벌이고 있는 셈이다. 문제는 둘의 싸움으로만 끝나지 않는다는 것. 법무부와 검찰 조직이 망가지고 있다. 속된 말로 콩가루 집안이 됐다. 검찰을 바라보는 국민들의 시선도 싸늘해졌다. 장관과 총장이 X판을 치고 있으니 말이다.

둘을 말릴 사람은 딱 한 사람밖에 없다. 문 대통령이 나서야 하는데 계속 침묵모드다. 청와대의 사정을 모르는 바 아니나 이는 잘 못이다. 국정이 엉망인데 바로잡을 생각을 하지 않고 있어서다. 그 책임은 문 대통령이 져야 한다. 청와대의 바람은 말을 안 해도 다 안다. 윤석열이 스스로 물러나기만을 바란다고 할 수 있다. 윤석열을 자르고 싶어도 못 자른다는 뜻이다.

나는 2~3달 전쯤 이런 주장도 했다. 문 대통령이 공동 책임을 물어 둘 다 해임하면 된다고. 그러나 이제는 그것도 고려할 수 없게 됐다. 시기를 놓쳤다고 할까. 무슨 일이든지 때가 있는 법이다. 윤석열은 그렇다 치고, 추미애도 자르기 어려울 듯싶다. 추미애가 지금처럼 무대뽀로 행동하는 것도 믿는 구석이 있기 때문이다. 청와대가 자신을 내치지 못할 것이라고 확신하고 있을 게다.

청와대 관계자들의 얘기를 들어보자. 알맹이가 없다. 청와대 핵심관계자는 27일 '청와대가 추 장관과 윤 총장의 다툼을 중재해야 한다'는 일각의 의견에 대한 입장을 묻는 질문에 "그동안에도 (관련 사안에) 언급하지 않는 것을 원칙으로 했다"면서 "감찰이나 수사에 영향을 미칠 수 있는 만큼 언급이 조심스러울 수밖에 없으니 입장을 밝히지 않는 것을 이해해 달라"고 말했다. 문 대통령이 아무런 언급을 하지 않으니 이같이 원론적인 말 이상은 못 할 것 같다.

앞서 청와대는 지난 20일 라임 로비 의혹 사건과 윤 총장의 가족 관련 사건에 대한 추 장관의 수사지휘권 발동에 대해서는 "수사지휘는 불가피한 것으로 보고 있다"고 말해 추 장관에게 힘을 실어준 바 있다. 이 관계자는 또 윤 총장이 지난 22일 국감에서 '문재인 대통령이 총선 후 적절한 메신저를 통해 임기를 지키라는 메시지를 전했다'고 말한 데 대해 문 대통령의 언급이 있었느냐고 묻자 "그에 대한 말씀을 들은 바 없다"고 밝혔다.

둘에 대해 인사권을 발동할 수 있는 사람은 문 대통령이 유일하다. 추미애는 개각 때 바뀔 가능성이 크다. 문제는 윤석열이다. 정부와 각을 세우면서 임기를 채우는 것도 불행한 일이다. 어쩌다 이 지경까지 오게 됐는가.

윤석열 신드롬은
계속된다

#1: 윤석열이 정계에 입문할까. 나는 그 가능성을 높게 본다. 시대 상황이 그로 하여금 정치를 하게 만들었다. 가만히 있는 사자를 건드렸다고 할까. 윤석열과 황교안을 비교해 본다. 윤석열이 황교안에 비해 대가 훨씬 세다. 정치인 자질을 갖춘 셈이다. 특히 야당 정치인은 스스로 정치력이 있어야 한다. 황교안은 그게 없었다. 그럼 필연적으로 실패한다.

행정가 출신들을 보자. 고건도, 반기문도 실패했다. 반면 이회창은 카리스마가 있었다. 그래서 대선에 두 번이나 출마했다. 정치인에게는 그런 것이 필요하다. 어제 윤석열은 그것을 보여주었다. 맷집도 셌다. 추미애와 피한 이유도 있었다. 국감장에서 할 말을 다 했다. 온 국민에게 가감 없이 보여 주었다. 대권주자로 부족함이 없었다. 따라서 정치판에 뛰어들 것 같다.

#2: 정치의 세계는 참 비정하다. 어제 다르고, 오늘 다르다. 내가 가장 잘한 일도 정치를 하지 않은 것이다. 대통령도 부럽지 않다. 마음고생 하지 않은 대통령이 없다. 그런데 그 자리를 차지하기 위해 사생결단을 한다. 앞으로 윤석열 검찰총장의 일거수일투족이 더 주목받을 것 같다. 어제 국감은 그 서곡이었다. 정치인 자질은 차고도 넘쳤다. 그 정도의 배짱이라면 해볼 만하다. 정치판을 한번 바꿔 보아라.

내가 지난 22일 대검 국감을 보면서 느낀 바다. 윤석열의 내공이 대단했다. 때문인지 대권주자들도 그를 본격적으로 견제하기 시작했다. 싹을 자르겠다는 뜻일 터. 하지만 그러면 그럴수록 윤석열의 몸집은 커질 수밖에 없다. 그게 정치인 까닭이다. 윤석열은 이미 정치를 하고 있는지도 모른다. 정치판도 그를 끌어들였다고 할 수 있다. 언급하지 않으면 되는데 "기승전결, 윤석열" 식이다. 윤석열로선 싫지 않을 게다. 일부러 노이즈 마케팅을 하는 형국이니 말이다.

이낙연 민주당 대표도 윤석열을 때렸다. 평소 그답지 않았다. 그는 윤 총장이 '추미애 법무부 장관의 수사지휘권 발동은 위법하다'는 의견을 낸 데에 "수사지휘권 행사가 불가피했다는 대통령의 판단을 부정하고 국민의 대표가 행정부를 통제하는 민주주의 기본 원칙을 무시하는 위험한 인식"이라고 비판했다. 그러면서 "검찰총장은 법무부 장관의 부하가 아니라는 윤 총장의 말은 선출되지 않은 권력이 누구 통제도 안 받겠다고 선언한 것"이라며 "대검 국감 통해 민주적 통제가 더 절실해졌다"고 지적했다.

홍준표 무소속 의원 역시 윤석열을 저격했다. 윤석열이 잠재적 경쟁자라서 그런 것 같기도 하다. 조금 생뚱맞긴 했다. 홍준표는 윤 총장에 대해 "상식에 어긋나는 장관의 수사지휘권 발동을 두 번이나 수용하고도 대통령이 아직 신임하고 있다는 이유로 계속 총장을 하겠다는 것은 자가당착"이라고 비판한 뒤 "윤 총장은 사퇴하고 당당하게 정치판으로 오라. 그게 공직자의 올바른 태도"라고 말했다.

이들 대권주자들이 윤석열을 대권주자급으로 키워준다고 할 수 있다. 윤석열은 힘 안 들이고 그 반열에 올랐다. 정치는 생물이라는 말이 실감난다.

윤석열한테 KO패 당한 민주당 법사위원들

2020년
10월 23일

22일 열린 대검찰청 국정감사는 시종일관 아슬아슬했다. 윤석열 검찰총장이 자신을 골탕 먹이려는 민주당 법사위원들에게 물러서지 않고 맞받아쳤기 때문이다. 윤석열은 노련했다. 26년간 검사로서 몸담은 저력을 유감 없이 발휘했다. 하지만 민주당 법사위원들은 그에 훨씬 못 미쳤다. 논리적으로도 윤석열을 제압하지 못했다. 오히려 밑천만 드러냈다는 지적도 적지 않다.

민주당 의원 가운데 윤석열을 꼼짝 못 하게 만드는 사람은 한 명도 없었다. 거의 억지 주장을 하다가 도리어 뒷치기를 당하기도 했다. 판사 출신도 있고, 검사 출신도 있는데 자질이 의심스러울 정도였다. 특히 지난 총선서 처음 배지를 단 김용민 의원과 김남국 의원은 수준 이하의 질문을 던져 눈살을 찌푸리게 했다. 질문을 하지 않은 것만도 못 했다.

이 둘은 조국 키즈라고도 불린다. 뭔가 해보려고 했지만 역부족이었다. 준비도 부족했다고 할까. 송곳 질문을 하려면 무엇보다 논리적이어야 한다. 그런데 나열만 하고, 팩트 또한 틀린 것을 제시하기도 했다. 국감에서도 가장 중요한 것은 팩트다. 사실 관계가 틀리면 묻고 말 것도 없다. 윤석열은 그것을 예리하게 파고들었다.

사례를 본다. 김남국은 "1년 전 그집(유흥업소)에 김봉현과 검사들이 왔었고 남부지검에서 그 가게를 조사했다"고 주장했다. 이 같은 주장이 사실이라면 남부지검이 라임자산운용 김봉현 전 스타모빌리티 회장의 검사 접대 현장을 이미 조사했다는 것으로 윤 총장을 비롯한 검찰 수뇌부가 현재까지 이러한 사실을 숨기고 있었다는 말이 돼 술렁이게 했다.

그러나 김남국은 JTBC의 오보를 인용한 것으로 드러났다. 당시 남부지검 검사들이 유흥업소에 조사를 나간 것은 김 전 회장이 체포도 되기 전인 것으로 나타났다. 김 전 회장이 아직 체포도 되지 않았고, '검사 접대' 진술은 하지도 않은 상황에서, 남부지검이 '검사 접대' 로비 의혹을 수사하기 위해 유흥업소를 조사했다는 앞뒤 안맞는 주장이었다. 애송이 국회의원의 좌충우돌을 드러낸 셈이었다.

국감 현장에 있었던 신성식 대검 반부패부장이 김 의원이 인용해 질의한 "'술접대' 지목 유흥업소… 김봉현과 검사들 왔었다"라는 제목의 JTBC 보도를 서울남부지검에 즉시 확인했다. 확인 결과 서울남부지검 수사팀이 모 룸살롱에 압수수색을 나간 것은 4월 21일로 나타났다. 김봉현 전 회장이 경찰에 체포된 것은 4월 23일이다. 결론적으로 김 전 회장이 아직 체포도 되지 않았고, 당연히 '검사 접대' 진술을 검찰에 하지도 않은 상황에서, 남부지검 수사팀이 '검사 접대' 비위를 파악하기 위해 룸살롱 압수수색에 나섰다는 게 김 의원과 JTBC 보도의 요지였다. 그러자 김남국이 더는 질문을 하지 못했다.

특히 김남국과 김용민은 진중권한테도 자주 저격을 당하고 있다. 둘의 무모함 때문이다. 물론 친문은 그들을 좋아할 게다. 그러나 상식 있는 국민이라면 이미 'X'표를 쳤다. 저질 의원은 추방하자.

윤석열은 당당했고,
여당 의원들은 비굴했다

윤석열 검찰총장은 당초 예상보다 훨씬 강했다. 전혀 물러서지 않았다. 당당하게 입장을 밝혔다. 22일 열린 대검찰청 국감에서다. 민주당 의원들은 윤 총장을 거세게 몰아붙였지만 오히려 그들이 더 애처롭게 보였다. 권력의 나팔수나 다름없었다. 1년 전 검찰총장 인사청문회 때와는 전혀 딴판이었다. 윤석열이 문재인 정권과 각을 세우자 돌변한 것이다.

이런 청문회도 생전 처음 본다. 여당은 나무라고, 야당이 감싸니 말이다. 윤석열도 작심한 듯 할 말을 다했다. 추미애에게 직격탄을 날리기도 했다. 그동안 참아오다가 다 퍼부었다. 청와대도 우회적으로 겨냥했다. 추미애의 수사지휘권 발동이 위법이며, 비상식적이라고도 했다. 청와대도 추미애를 두둔했으니 한통속으로 본 셈이다.

추미애를 깔아뭉개는 듯한 표현도 썼다. 똥이 무서워서 피하는 게 아니라 더러워서 피한다고. 사실 추미애는 막가파에 가깝다. 그것을 옹호하는 문재인 정권도 가엾기는 하다. 청와대뿐만 아니라 이낙연 민주당 대표도 추미애의 결정을 지지했다. 지극히 비상식적인 정권이라고 할 수 있다. 윤석열이 강력히 저항하는 것은 옳다.

민주당 최고위원이기도 한 김종민 의원과 일문일답을 보면 여권이 윤석열을 얼마나 미워하는지 알 수 있다. 그것을 한번 보자. 김 의원은 "대통령과 법무부장관이 수사지휘권을 배제시킨 데 대해 불만이 있으면 옷을 벗고 정치 영역에서 논쟁하라"고 했다. 윤 총장은 "검찰총장이 법무부 장관 부하면 총장을 둘 필요가 없다"고 맞섰다.

김 의원은 "윤 총장을 제가 믿었고, 개혁적 수장이 될 것이라 기대했는데, 1년간 보니 제가 민주당이라서가 아니고 제가 보증한 윤석열의 모습과 너무 다르다"면서 "오늘 발언하신 것을 보면 싸우러 오신 것 같다. 오늘 (발언에) 의미 부여를 해야겠다, 목표를 달성해야겠다는 의도를 갖고 있다고 생각된다"고 했다. 그러면서 "총장은 누구 부하냐"고 했다. 그러자 윤 총장은 "검찰 수사의 독립성과 중립성 때문에 정무직 공무원 부하가 아니라고 (오전 국감에서) 말한 것"이라고 강조했다.

윤석열은 이날 또 어록을 남겼다. 추미애의 공격을 중상모략이라고 한 데 대해 가장 점잖은 표현이라고 했다. 이 한마디에 모든 것이 녹아 있다고 할 수 있다. 더 심한 말도 할 수 있는데 그 정도로 참았다는 얘기다. 추미애는 상대할 사람이 못 된다고도 지적했다고 하겠다. 그렇다. 추미애 같은 사람은 피하는 게 상책이다. 싸우면 같은 사람이 된다. 추미애에 대해서는 국민들이 심판할 것으로 본다.

여당은 부끄러워할 줄도 모른다. 윤석열을 잡으려고 모두 혈안이 되어 있다. 그럴수록 가증스럽다. 김종민을 비롯해 박범계, 박주민, 김용민 등 모두 가관이다. 이들 모두 역사의 심판을 받아야 한다. 손바닥으로 하늘을 가리려고 하고 있으니 말이다. 그러나 정의는 살아 있다. 윤석열, 더욱 힘내라.

윤석열은
식물총장이 됐다

해도 해도 너무한다. 정녕 하늘이 무섭지 않은가. 비단 추미애 법무장관의 경거망동으로만 보지 않는다. 문재인 정권에 책임이 있다. 윤석열 검찰총장이 그렇게 미우면 대통령이 인사권을 발동해 그를 해임시켜라. 그러면 될 일을 망신 주기로 작정한 것 같다. 반드시 부메랑으로 돌아올 것이다. 역사는 정직하다. 위선이 거짓을 이길 수는 없다.

추미애가 19일 또다시 윤석열 검찰총장에 대한 수사지휘권을 발동했다. 윤 총장을 관련 수사에서 손을 떼게 한 것. 라임사건과 윤 총장 가족 등이 관련된 5개 사건에 대해 수사지휘를 하지 말고, 결과만 보고받으라고 했다. 이쯤 되면 윤 총장에게 그만두라는 것과 다름없다. 윤 총장은 그것을 받아들이겠다고 했다. 달리 방법이 없어서다. 이처럼 무대뽀로 나오면 막을 길이 없다. 그냥 낭하는 수밖에. 지금 윤석열의 처지가 그렇다.

먼저 추미애에게 묻고 싶다. 이렇게 함부로 수사지휘권을 발동해도 되는지. 그것은 아니다. 이러라고 수사지휘권 조항을 만들지는 않았다. 선배 장관들의 행태를 보라. 그 이전까지는 딱 한 번 발동했다. 그런데 문재인 정권 들어서는 벌써 세 번째다. 역대 기록을 깨려고 작정했는가. 정말 부끄럽지 않은가. 후대들이 평가를 할 터. "추미애가 전대미문의 죄를 지었다"고.

내가 윤석열을 두둔할 생각은 없다. 그러나 상식적으로 생각해보자. 어느 검찰총장이 범죄개요를 보고받고도 철저한 수사지시를 하지 않겠는가. 현재 윤석열은 그것을 하지 않았다고 수사지휘권을 발동했다. 철저한 수사지시는 상식 중의 상식이다. 총장이 누굴 봐주고 싶어도 봐줄 수 없는 세상이다. 눈이 한두 개인가. 전체 검찰이 지켜보고 있다.

정권이 의도적으로 윤석열을 죽이려고 하는 것 같다. 그렇지 않다면 이렇게 막 나올 수가 없다. 라임은 서울 남부지검에서, 나머지 윤 총장 가족 사건은 서울지검에서 수사를 한다. 모두 추미애 라인이 검사장을 하고 있다. 특히 이성윤 서울중앙지검장은 문 대통령의 경희대 후배로 대표적 친문 인사다. 이 정권 들어 승승장구했다. 수사 결과는 보지 않더라도 짐작이 간다. 그런 사람에게 수사를 맡기면 공정할까. 소가 웃을 일이다.

추미애와 문재인 정권에 이것 하나만 알려주고 싶다. 김대중 정권 때 청와대 측이 당시 송정호 법무장관에게 수사지휘권을 발동해 주기를 요청한 적이 있다. DJ 아들의 구속을 피해보자고 그랬다. 그러나 송 전 장관은 그 같은 요청을 일언지하에 거절했다. 송 전 장관도 호남 출신이었다. 왜 그랬겠는가. 거기에 답이 나와 있다.

검찰이 정권의 눈치를 보면 안 된다. 그래서 검찰총장의 임기(2년)도 정해져 있다. 독립적인 수사를 하라는 뜻이다. 지금처럼 수사지휘권을 발동해 검찰총장의 손발을 묶어 놓으면 총장이 아무것도 할 수 없다. 식물총장이 된 셈이다. 총장이 있을 이유도 없다. 장관이 직접 총장 역할도 하고 있으니 말이다. 심하게 얘기하면 말세末世다. 오호 통재라.

추미애-윤석열 싸움 점입가경이다

추미애와 윤석열. 정말 가관이다. 힘을 합쳐도 모자랄 판에 사사건건 부딪친다. 이런 장관과 총장 사이도 처음 본다. 둘 다 문제는 있다. 리더십도 상실했다. 그들을 장관, 총장이라고 부르는 게 어색할 정도다. 국민들한테 부끄럽지 않은가. 함께 물러날 때가 됐다.

어제 둘이 싸우는 것을 보면서 내가 페이스북에 올린 글이다. 추미애한테 더 문제가 있음은 물론이다. 지금 제정신이 아닌 것 같기도 하다. 윤 총장이 아무리 미워도 그렇지 억지를 부리는 모양이다. 어느 대한민국 검찰총장이 사건개요를 보고받고도 뭉개겠는가. 그것은 상식 중 상식이다. 그런데 윤석열이 뭉갰다고 공개적으로 저격했다.

만약 검찰총장을 공격하려면 상식적이어야 했다. 그런데 비상식이 묻어난다. 윤석열도 발끈했다. 가만히 있을 사람이 있겠는가.

멀쩡한 사람을 잡으니 말이다. 그는 18일 라임 사건 의혹 관련, 법무부가 "검찰이 야권 정치인 및 검사 비위에 대해서는 제대로 수사지휘하지 않은 의혹이 있고 윤석열 총장과 관련성을 배제할 수 없다"는 입장을 내놓자, "말도 안 되는 얘기"라고 받아쳤다.

연합뉴스에 따르면 윤 총장은 "턱도 없는 이야기다. 수사를 내가 왜 뭉개느냐"면서 "수사팀이 야권 인사에 대해 수사한다고 해서 수사하라고 지시했고, 지금도 수사 중이다. 여야가 어디 있느냐. 일선에서 수사를 하면 총장은 지시하고 말고 할 게 없다. 누구를 수사해라 말라 하는 게 아니다"고 했다. 이것은 윤 총장의 말이 맞다.

그러나 법무부는 앞서 발표한 입장을 통해 "윤 총장이 라임자산운용 사건 수사검사 선정에 직접 관여하고 철저한 수사를 수차 밝혔음에도 '야권 정치인 및 검사 비위에 대해서는 구체적인 비위 사실을 보고받고도 여권 인사와는 달리 철저히 수사하도록 지휘하지 않았다'는 의혹 등 그 관련성을 배제할 수 없다"고 윤 총장의 수사지휘를 강하게 문제삼았다.

법무부는 이날 윤 총장의 책임 소재를 거론하며 별도의 수사팀을 만들 가능성까지 내비쳤다. 윤 총장이 야권 정치인 및 검사 비위에 대해서도 보고를 받았으면서, 여권 정치인과 달리 철저히 수사하도록 지휘하지 않았다는 의혹이 있다는 것이다. 법무부는 "현재 진행 중인 감찰과 별도로 수사 주체와 방식을 검토하고 있다"고 했다. 윤석열을 수사에서 배제시키겠다는 뜻이다.

대검도 즉각 반박자료를 내놓았다. 대검은 "검찰총장이 해당 의혹들에 대해 철저한 수사를 지시하였음에도 이와 반대되는 법무부의 발표 내용은 전혀 사실에 근거하지 않은 내용"이라며 "검찰총장에 대한 중상모략과 다름없으며 전혀 납득하기 어렵다"고 밝혔다. 추미애와 윤석열의 정면대결로 불이 붙은 셈이다. 그 파장이 어디로 튈지 모르겠다.

중상모략이라는 단어는 지금까지 윤석열 총장이 사용한 어휘 가운데 가장 세다. 물러서지 않겠다는 의지의 표현이기도 하다. 여야 정치권도 이번 싸움에 끼어들고 있다. 참 볼썽사납다. 그들 눈에는 국민이 안 보인다.

추미애 사태 끝나지 않았다

2020년
10월 5일

추미애 법무장관이 국민밉상으로 등극한 지는 오래됐다. 작년 조국 전 법무장관 이상이다. 그럼에도 자리를 굳건히 지키고 있다. 조국보다 더 비양심적이라는 뜻이다. 추미애는 창피한 줄을 모른다. 얼굴 두껍기로 따지면 당연히 1등이다. 그를 당할 자가 없을 듯싶다. 서울동부지검이 최근 무혐의를 발표하자 되레 역공을 취하고 있다. 심지어 언론까지 협박하고 있다. 나도 추미애한테 고소를 당할지 모르겠다.

추미애도, 조국도 다르지 않다. 한참 모자라는 사람들을 법무장관에 앉히다보니 국민들을 겁박하고 있다. 얄팍한 법률지식을 앞세워 못된 짓을 한다고 할까. 참 나쁜 사람들이다. 요즘 신조어가 탄생했다. '추로남불'에 이어 '추안무치'까지 나왔다. 추미애의 맷집은 알아줄 만하다. 이렇게 조롱을 당하고 있는데도 꿈쩍하지 않는다. "떠들어 보아라. 나는 나대로 간다"고 작심한 듯하다.

주호영 국민의힘 원내대표가 4일 추미애를 향해 거듭 직격탄을 날렸다. 추석 연휴 민심을 종합해 쏘아댔다고 할 수 있다. 그는 추미애 아들의 특혜 의혹에 불기소 결정이 내려진 것과 관련, "인사권과 지휘권을 가진 장관이 수차례 본인이 결백하다고 수사 가이드라인을 제시함으로써 추 장관이 자신의 사건을 결정한 것"이라고 주장했다. 이어 "검찰 내 항고를 통한 시정 방법도 있지만, 추 장관이 법무부장관으로 있는 한 이 사건은 법무부와 검찰의 지휘라인을 벗어난 특별검사가 결론 내려야 국민이 납득한다"고 강조했다.

주 원내대표는 "결백으로 밝혀졌으니 정치공세 한 사람들이 사과하지 않으면 형사절차를 밟겠다는 '추로남불', '추안무치', 여러 가지 사자성어를 만들어내는 지경에 이르렀다"면서 "이 사건을 이대로 넘어갈 수는 없다. 반드시 제대로 된 절차를 통해 결론을 내야 할 것"이라고 말했다. 따라서 추미애 사태는 2라운드로 접어들었다고 할 수 있겠다. 아직 끝나지 않았다는 얘기다.

지금까지 보더라도 추미애가 스스로 물러날 가능성은 거의 없다. 나는 사태 초기에는 추미애가 자진 사퇴할 것으로 내다봤었다. 그에게 최소한의 양심을 기대했기 때문이다. 내가 추미애를 너무 과대평가한 측면이 있었다. "절대로 그럴 사람이 아니다"라는 주변의 지적에 더 귀를 기울였어야 했다. 이 같은 추미애의 태도 때문에 문재인 정부 지지율도 깎아먹고 있다. 추미애는 그런 사실마저 부인할 게다. 그렇지 않다고. 자기 편리한대로 생각하는 사람이라서.

추미애한테 특효약이 없을까. 검찰의 반란을 기대하기도 어렵다. 대한민국 검찰은 패기도, 자존심도 없다. 추미애가 검찰을 그렇게 만들었다.

4장

2020. 09~
2020. 07

추미애 검찰개혁은
소가 웃을 일이다

추미애는 말끝마다 검찰개혁을 완수하겠다고 한다. 한마디로 웃기는 소리다. 개혁은 그것을 이끌 만한 도덕성을 갖춘 사람만이 할수 있다. 추미애는 전 국민을 상대로 거짓말을 했다. 그의 거짓말은 검찰수사를 통해 확실히 밝혀졌다. 그럼에도 검찰개혁을 하겠단다. 그럼 검찰은 뭔가. 이렇게 위안을 삼을지도 모르겠다. 어차피 만신창이가 됐는데 누가 한들 어떠냐고.

추미애가 올 1월 장관이 된 뒤 한 일을 보자. 두 차례 검찰 인사를 통해 검찰을 산산이 쪼개놓았다. 그러면서 또다른 줄 세우기를 했다. 이른바 친정부, 추미애 라인만 인사 특혜를 받았다. 듣도 보도 못한 사람들이 줄줄이 요직을 꿰찼다. 그리고 정권의 입맛에 맞는 수사 결과를 내놓았다. 최근 서울 동부지검이 대표적이다.

동부지검은 부끄러운 줄도 모른다. 그 같은 결과를 내놓으려고 시간을 질질 끌었는지도 모르겠다. 그러면서 내놓은 게 모두 '무혐의'. 처음부터 결론을 정해 놓고 짜맞추기 수사를 했다. 아니라고 자신 있게 말할 수 있겠는가. 자기들 편리한대로 해석했다. 추미애와 보좌관 사이에 카톡 메시지를 주고받았는데도 문제 삼지 않았다. 봐주려고 했으니 그것마저 의심을 갖지 않았던 것.

추미애는 국회 예산결산특별위원회(지난 1일·5회), 대정부질문(14일·19회, 17일·3회) 등 세 차례에 걸쳐 최소 27회 검찰 수사 결과 발표와 다른 이야기를 했다. 그는 보좌관이 부대에 전화해 휴가를 연장한 사실과 관련, "그런 사실이 있지 않다" "보좌관이 뭐 하러 그런 사적인 일에 지시를 받고 하겠느냐"고 부인했다. 그러면서 일관되게 "(보좌관에게) 지시한 바 없다"고 강조했다. 그러나 지난 28일 서울동부지검 수사 결과 이 같은 추미애의 발언들은 모두 거짓으로 드러났다. 추미애는 보좌관에게 휴가 담당 장교의 연락처를 직접 전달했다. 보좌관은 "예 통화했었습니다"라며 '결과 보고'까지 했다. 그럼에도 뻔뻔스럽게 거짓말을 반복했다.

지금 이런 사람이 검찰 개혁을 하겠다고 한다. 소가 웃을 일 아닌가. 거짓말쟁이가 무슨 개혁을 한단 말인가. 회초리를 들려면 사신에게 먼저 들이야 한다. 보통 사람 같으면 창피해서 얼굴을 들 수 없을 텐데 천연덕스럽다. 과연 추미애답다고 할까. 국민들이 용서하지 않을 게다. 추석 이후 국민적 저항에 부딪힐 가능성이 크다. 국민들이 강제로라도 끌어내려야 한다. 그런 사람이 장관에 앉아 있는 것은 불행한 일이다.

대한민국이 거짓말을 일삼는 법무장관을 포용할 만큼 관대하지는 않다. 추미애 스스로 물러나는 것이 순서다. 그래야 문재인 정권에 부담도 덜 준다. 그가 눌러앉을수록 지지율도 떨어진다. 그것은 당연한 귀결이다. 앞으로 검찰개혁을 꺼내지도 말라. 추미애는 이미 부정을 탔다. 개혁을 말할 자격이 없다는 뜻이다.

검찰 조직도 한심하긴 하다. 그런 장관과 함께하겠다는 그들도 비정상이다. 대한민국 검찰은 회복불능이다. 조국–추미애를 거치면서. 업보랄까.

서울지검의 윤석열 검찰총장 처가 쪽 수사를 보는 눈

● 2020년 9월 25일

정부여당이 검찰총장을 흔드는 나라. 아마도 대한민국이 유일할 것이다. 정말로 창피한 줄 알아야 한다. 드러내 놓고 수사에 개입하려 하고 있으니 말이다. 요즘 하는 짓을 보면 가관이다. 친여인사들이 윤석열 검찰총장 장모와 아내 등 처가 쪽을 고발하고, 거기에 맞춰 추미애 법무장관은 수사 의지가 있는지 의심된다고 하고, 민주당은 수사를 촉구하고 있다.

이게 정상은 아니다. 그것도 이미 사법부의 판단을 받은 사건들이다. 재탕삼탕을 하는 것은 윤석열 흠집내기에 다름 아니다. 나는 몇 번 얘기한 적이 있다. 윤석열이 그렇게 미우면 쳐내라고. 얼마든지 가능하다. 문재인 대통령이 인사권을 발동해 해임하면 된다. 쉬운 방법을 놔둔 채 검찰을 동원해 윤석열을 압박하는 것은 치사한 짓이다.

여기에 동원된 게 이성윤 검사장의 서울중앙지검이다. 이성윤

181

은 누구인가. 문재인 대통령의 경희대 후배다. 이 정권 들어 최고의 혜택을 받은 사람이다. 그 사람이 수사 지휘를 한다. 공정성이 있다고 보겠는가. 더군다나 또 다른 특정고 인맥을 자랑하는 순천고 라인들이 수사에 직접 관여하고 있다. 누가 보더라도 냄새가 난다고 할 수 있다. 지금 그렇게 수사가 진행되고 있다.

어떤 사건인지 한 번 들여다보자. 서울중앙지검이 수사 중인 고소·고발 사건은 3가지다. 먼저 윤 총장의 장모인 최 모 씨가 2003년 서울 송파구의 스포츠센터 근저당권부 채권을 매입한 과정에서 지인 정 모 씨와 다툼을 벌인 사건이다. 최 씨는 수익 배분 문제를 두고 정 씨를 강요 혐의 등으로 고소했고, 정 씨는 징역 2년을 선고받았다. 이후 정 씨는 2010년 최 씨가 자기를 무고했다며 서울동부지검에 최 씨를 고소했다. 그러나 되레 본인이 무고 혐의로 기소됐다. 당시 정 씨의 구속영장을 청구한 검사가 직전까지 이성윤 지검장 핵심 참모로 있었던 신성식 대검 반부패·강력부장이었다. 이런 정 씨가 올 2월 최 씨를 무고 등으로 서울중앙지검에 또다시 고소했다.

윤 총장 아내 김 모 씨의 2010~2011년 도이치모터스 주가 조작 의혹이 두 번째 사건이다. 친여 매체들은 김 씨가 이를 통해 거액을 벌었을 것이란 의혹 보도를 하고 있다. 그러나 당시 한국거래소는 이 회사 주가 조작 의혹을 자체 조사해 무혐의 결론을 내렸다. 최 씨가 2013년 파주의 한 불법 요양병원의 공동 이사로 참여해 부당 이득을 봤다는 의혹이 세 번째 사건이다. 주가 조작 및 요양병원 의혹 모두 지난 4월 열린민주당 최강욱 대표와 황희석 최고위원 등이 고발한 사건이다. 최강욱과 황희석은 윤석열과 싸우고 있는 사람들이다.

최강욱은 2017년 5월 "윤석열의 삶이 어디 한 자락이라도 권력을 좇아 양심을 파는 것이었더냐?"는 글을 페이스북에 올렸던 사람이다. 그런 사람이 돌변해 윤석열 때려잡기에 나섰다고 할까. 등장인물들이 하나 같이 반 윤석열이다. 추미애, 최강욱, 황희석 등이 북 치고 장구 친다. 일부 언론도 맞장구를 치고 있다. 모두 제정신이 아니다. 이성을 잃었다. 하늘 무서운 줄 모른다. 반드시 부메랑으로 돌아올 것이다. 부끄러움도 모르는 철면피들이다.

언제까지
기승전-'추미애'를
보아야 하나

정말 짜증난다. 온통 추미애 뉴스다. 이제는 보기도, 듣기도 싫은데 말이다. 비단 나뿐이겠는가. 아내도 종종 이런 말을 한다. "또 추미애야." 다시 말해 지겹다는 뜻이다. 지금 추미애는 우리 전 국민에게 스트레스를 주고 있다. 기쁨은 주지 못할망정 그 반대여서 문제다. 문재인 정부와 추미애도 모를 리 없을 터. 현재는 버티기 모드다.

나는 추미애가 조국보다 얼굴이 더 두껍다고 생각한다. 검찰 개혁을 하겠다며 고르고 고른 사람들이 그렇다. 무엇보다 부끄러운 줄 모른다. 민주당 조응천 의원이 딱 맞는 표현을 했다. 그는 추미애 법무부장관에 대해 "최근 국회에 나와 답변하는 모습을 보니 내용도 내용이지만 애티튜드(태도)가 굉장히 불편하다"면서 "일종의 자기확신과 확증편향이 있는 것 같다"고 말했다.

추미애는 자기확신이 지나치다. 이를 헛똑똑이라고 한다. 국민들은 추미애 머리 위에 있다. 추미애만 그것을 못 볼 뿐이다. 추미애가 어떤 말을 둘러대도 이제는 안 믿는다. 처음부터 신뢰를 잃었기 때문이다. 손혜원이 국민밉상이었다면 그 타이틀도 가져왔다. 이쁘게 하는 말이 하나도 없다. 미운 말만 골라서 한다고 할까. 그래서 국민들이 추미애만 나오면 머리를 돌린다.

17일 오후 국회 본회의장에서 열린 마지막 날 교육·사회·문화 분야 대정부질문에서도 그랬다. 야당 의원들은 시종일관 추미애를 때렸다. 호재를 놓칠 리 없어서다. 급기야 추미애는 감정을 억제하지 못하고 분노를 표출하기도 했다. 이를 두고 적반하장이라고 한다. 문제는 이것으로 끝나지 않는다는 데 있다. 만약 검찰이 수사 결과를 발표해도 그럴 것이다. 내가 추미애 사퇴를 거듭 촉구하는 이유이기도 하다.

국민의힘 김승수 의원은 "자식 문제로 마음고생이 크시죠?"라며 운을 뗐다. 추 장관은 '만약 검찰이 소환하면 응할 것이냐'는 질문에 "그게 바로 정쟁이고 정치공세"라면서 "그걸 노려서 지난 몇 달간 여기까지 끌고 오지 않았느냐"고 발끈했다. 또 "억지와 궤변에 대해 나중에 어떤 책임을 질 것이냐" "저는 몇 달 동안 부풀려온 억지와 궤변 때문에 지금 무한 인내로 참고 있다"고도 했다.

김 의원이 "그만 들어가시라"고 해도 물러가지 않고 "공정은 근거 없는 세 치 혀에서 나오는 게 아니라는 걸 국민이 잘 알고 있다"
고 맞받았다. 그러다가 김상희 국회부의장으로부터 "질문하는 의
원님이나 답변하는 국무위원도 서로 존중해달라"는 요청을 받기
도 했다. 추미애는 최형두 의원이 둘째 딸의 비자 발급 의혹을 묻
자 "청문위원처럼 질문을 하실 거면 많은 준비를 해오시면 좋겠다"
고 맞섰다. 김병욱 의원이 첫째 딸 식당에서 정치자금을 사용했다
는 의혹을 질의하자 "초선 의원으로서 마지막 질문을 그렇게 장식
하는 것이 과연 바람직한가" "꼭 그렇게까지 하셔야겠느냐"라고 비
꼬기도 했다.

나는 여러 차례 촉구한 바 있다. 임명권자인 문재인 대통령이
결자해지해야 한다고. 추미애 스스로 물러날 사람이 아니어서 그
렇다. 국민들에게 더 이상 스트레스를 주지 말라. 코로나와 대응하
기도 힘들다.

국민여론도
'추미애 사퇴'다

● 2020년
9월 16일

　나는 추미애가 빠르면 추석 전에 사퇴할 것으로 예상한다. 정부 여당이 그를 감싸고 있지만 국민들로부터는 버림받은 지 오래다. 민심을 이기는 정치 없다고 하지 않던가. 모든 것은 사필귀정으로 끝난다. 추미애 역시 사퇴로 끝을 낼 것 같다. 그가 사퇴해야 할 이유는 차고도 넘친다. 국민여론도 '추미애 사퇴'다. 여론조차도 왜곡됐다고 할 문재인 정부다.

　오마이뉴스가 16일 여론조사 결과를 내놓았다. 리얼미터가 오마이뉴스 의뢰로 전국 18세 이상 500명을 대상으로 추 장관의 거취 문제를 물은 결과 '권력형 비리이므로 사퇴해야 한다'는 49.0%, '사퇴할 필요가 없다'는 45.8%로 각각 집계됐다고 밝혔다. 5.2%는 '잘 모른다'고 답했다. 이 조사의 오차 범위는 95% 신뢰수준에서 ±4.4%포인트다. 오차범위 내에서 사퇴 찬성이 반대보다 높았다.

　지지 정당별로 보면 더불어민주당 지지층은 추 장관의 사퇴에

12.0%가 찬성, 사퇴 반대가 83.1%였다. 반대로 국민의힘 지지층은 사퇴 89.5%, 반대 8.5%였다. 편이 나뉘어져 있음을 확연히 알 수 있다. 연령대별로는 60대(67.3%), 20대(56.8%)에서 사퇴 찬성이 높고, 40대에서 사퇴 반대(65.5%)가 높았다. 20대는 당사자 격이어서 찬성 의견이 높게 나온 것으로 보인다.

나는 조국 사태 때도 처음부터 사퇴를 촉구했다. 조국도 끝까지 버티려고 했지만 결국 민심 앞에 무릎을 꿇었다. 추미애도 다르지 않을 것으로 본다. 둘 다 역린을 건드렸다. 입학 문제도, 병역 문제도 형평성에 어긋나면 국민들이 가만히 있지 않는다. 문재인 정부는 작년에 큰 홍역을 치르고도 정신 못 차렸다. 더 매를 맞아야 사퇴 카드가 나올 것 같기도 하다.

지금까지 나온 사실만으로도 추미애는 사퇴했어야 했다. 정부 여당은 추미애가 직접 관여한 것은 없다며 위기를 모면하려 한다. 설령 추미애 보좌관이 아들의 부탁을 받고 국방부나 군 부대에 연락을 했다고 하더라도 부모로서 책임을 져야 한다. 그게 공인의 자세 아니겠는가. "보좌관이 다 했고, 나는 몰랐다"고 빠져나갈 일이 아니다. 그런 방향으로 수사 결과가 나온다면 더 역풍을 맞을 것이다. 장관직에서 물러난 뒤 수사 결과를 지켜보는 게 옳다.

이른바 친문들은 보지도, 따지지도 않는다. 검은 것을 희다고도 한다. 그게 문재인 정부를 망치게 하는 데도 말이다. 추미애 사태는 상식적으로 판단해 보자. 옳고 그름은 분명하다. 추미애가 당시 영향력을 행사할 수 있는 자리에 있었기 때문에 결과적인 책임도 져야 당연하다. 빈대 한 마리 잡으려다 초가삼간 태우는 우를 범하지 말기 바란다. 추미애 사퇴가 답이다.

추미애 사태,
더 끌수록 민심 나빠진다

추미애를 정치권에 입문시킨 사람은 DJ이다. 따라서 추미애는 DJ로부터 정치를 배웠다고 할 수 있다. DJ가 살아있다면 추미애 사태를 어떻게 볼까. DJ가 가장 중요시 여겼던 것은 민심이다. 정치도 민심을 거스를 수 없다고 했다. 지금 민심은 추미애 아웃이다. 그럼에도 민주당은 추미애를 감싸고 있다. 청와대는 계속 침묵 모드다.

나는 조국 때도 그랬지만 추미애가 법무장관으로서 부적격하다고 보았다. 1987년부터 검찰을 출입하면서 지켜봐온 바다. 물론 처음에는 판사 출신이라 기대를 했던 것도 사실이다. 설마 조국보다는 낫겠지 생각했다. 그러나 조국과 도긴개긴이다. 문재인 대통령이 둘 다 잘못 보았다. 하필이면 그런 사람들을 법무장관에 앉혔을까.

또다시 상식을 강조한다. 조국도 마찬가지지만 추미애 역시 상식과 너무 동떨어져 있다. 군대를 다녀온 사람들에게 물어보라. 추미애가 한 짓이 특혜가 아니라고 말할 수 있는지. 현재 여권은 추미애 살리기에 모두 동원되다시피 했다. 내가 보기엔 제정신이 아니다. 장담컨대 추미애는 물러날 수밖에 없다. 왜 한 치 앞도 내다보지 못하는가.

여권 인사 가운데 딱 한 사람 바른 말을 했다. 바로 정세균 국무총리다. 이낙연 민주당 대표는 여전히 눈치를 보고 있다. 이럴 땐 당에서 총대를 멜 필요도 있는데 문 대통령 심기를 건드리지 않으려는 이낙연의 평소 모습이 그대로 드러났다. 이낙연도 강력한 지도자가 되려면 아닌 것은 "노"를 할 줄 알아야 한다. 이낙연에게 그것을 기대하는 것 자체가 무리인지도 모르겠다.

"같은 국무위원(으로서) 자녀 문제로 국민들께 심려를 끼쳐드려서 참 민망한 생각을 가지고 있다. 이 문제는 조속하게 정리돼서 국민들께서 이런 문제로 걱정을 더 안 하게 하는 게 마땅한 도리가 아닌가 생각한다. 이 문제를 젊은이들이 걱정하는데 그들에게 걱정을 끼치게 해서야 되겠는가." 정세균 국무총리가 지난 10일 밤 jtbc에 출연해 한 말이다. 국민들은 최소한 이 정도의 말을 듣고 싶어 한다. 그런데 민주당 의원들은 추미애 감싸기에 혈안이 되어 있다. 논리도 없다. 그냥 엄호한다. 그러다가 국민들로부터 날벼락을 맞을 지 모르겠다. 모든 것은 사필귀정이다.

민주당 의원들의 추미애 엄호는 민심에 더 불을 지를 가능성이 크다. 상식적으로 볼 때 얼토당토않은 말을 하고 있기 때문이다. 가령 이런 경우다. "국방부에 알아보았더니 하나도 규정에 어긋나지 않더라." 국방부가 최근 내놓은 해명조차 믿을 수 없다는 의견이 더 많다. 오히려 웃음거리가 되고 있는 실정이다. 나중에 어떻게 수습할지 걱정스럽다.

여권 일각에서 추미애 해명을 추진하고 있다고 한다. 그렇게 한다고 사태가 해결되겠는가. 추미애의 추는 이미 기운 지 오래다. 더는 민심에 불을 지피지 말라. 추미애 교체만이 답이다. 답이 뻔히 나와 있는데 왜 머뭇거리는가. 시간을 끌수록 손해 보는 것은 정부여당이다.

이낙연, 추미애 문제 외면 말라

● 2020년
9월 10일

　여권에게도 추미애 법무장관 문제는 고차방정식이라고 할 수 있다. 어떻게든 풀어야 하는데 딱히 방법이 없는 것 같기도 하다. 둘 중의 하나를 선택해야 한다. 함께 가든지, 물러나게 하든지. 하지만 둘 다 쉽지 않아 고민이 커지고 있다고 하겠다. 작년 가을 조국의 데자뷔를 보는 것 같기도 하다. 끝까지 버텨보려고 했지만, 결국 물러날 수밖에 없었다.

　물론 추미애도 지금 밤잠을 설칠 게다. 그가 모르는 부분이 있을 수도 있다. 그렇다 하더라도 책임을 져야 한다. 이번 사건은 추미애가 더 키운 측면이 없지 않다. 야당 의원들과 질의 응답 과정에서 그랬다. "소설 쓰시네"와 같은 답변은 성난 민심에 더 기름을 끼얹었다. 장관으로서 아주 부적절한 발언이었다. 그 뒤에도 민심과 동떨어진 말을 여러 차례 했다.

　민주당 의원들이 추미애를 도우려다 망신을 사고 있다. 특히 군대 문제는 아주 민감하다. 우상호 의원도 그랬다. 카투사는 편한 군대라고 했다가 몰매를 맞았다. 안 하느니만 못하게 됐다. 역린을 건드려서다. 대한민국서 국방은 모든 국민의 신성한 의무다. 때문에 그것을 폄하해서도 안 된다. 우상호는 잘 모르면서 한마디 거들었다가 상황을 더 꼬이게 만들었다.

우 의원은 9일 한 언론과 가진 인터뷰에서 추 장관 아들의 군 휴가 특혜 의혹에 대해 "카투사는 원래 편한 곳이라 의미 없는 논란"이라고 주장했다. 그는 "카투사는 육군처럼 훈련하지 않는다. 그 자체가 편한 보직이라 어디에 있든 다 똑같다"라면서 "카투사에서 휴가를 갔냐 안 갔냐, 보직을 이동하느냐 안 하느냐는 아무 의미가 없는 얘기"라고 했다. 참 쉬운 해석이다. 그러자 카투사 출신 예비역들이 발끈했다.

페이스북 페이지 '카투사'에는 '우상호 의원의 망언을 규탄한다'는 제목의 성명문이 올라왔다. 이들은 성명문을 통해 "우 의원의 발언은 국가의 부름을 받은 현역 카투사와 각자 생업에서 카투사로서 자부심을 갖고 살아가는 예비역들의 명예를 심각하게 실추시킨 발언"이라고 지적했다. 이어 "우 의원의 발언은 6·25 이후 지금에 이르기까지 군 생활 중 전사, 전상 또는 순직한 수많은 카투사 장병들에 대한 모독"이라며 "카투사들은 미군과 같이 생활을 하기에 대한민국 육군에 비해 근무환경이 다를 뿐 정신적, 육체적 고

충은 타군과 똑같거나 혹은 타군들은 알지 못하는 부분도 있다"고
했다.

카투사 출신인 이낙연 대표에게 입장을 표명할 것도 요구했다.
또 다른 모임인 카투사 갤러리 측은 "카투사 출신인 이낙연 대표가
(카투사에 대해) 무엇보다 잘 알 것으로 생각한다. 우 의원의 발언에
대한 이 대표의 발 빠른 해명을 요구한다"고 했다. 이 대표는 1974
년부터 1976년까지 카투사로 복무했으며, 용산미군기지 안에 있
는 미8군 제21 수송중대에서 행정병으로 근무했다.

이낙연도 대표로서 추미애 문제를 풀어야 한다. 팔짱을 끼고
쳐다보고 있으면 안 된다. 너무 어렵게 생각하지 말라. 상식선에서
판단하라. '추미애 아웃'이 맞다고 본다. 추미애 경질을 건의하라.

맹구 취급 당하는 추미애,
버틸 힘은 있는가

#1: 나는 작년 조국 사태 때도 그랬다. 조국이 결국 물러날 것이라고. 이번에 도 똑같이 예상한다. 추미애도 조국의 길을 밟을 게 분명하다고. 둘은 정 직하지 못하다. 그런 사람들이 법무장관을 했거나 맡고 있어 비극을 초래 하고 있다. 추미애도 버틸 모양이다. 하지만 시간을 버는 것에 불과하다. 물러나지 않을 수 없을 게다. 추미애에게 종말이 다가오고 있다.

#2: 나도 추미애가 문재인 정권의 애물단지가 될 줄은 몰랐다. 판사 출신이 라 최소한의 양심은 기대했기 때문이다. 그런데 최악의 법무장관으로 기 록될 것 같다. 역대 최악이다. 이제는 동네북이 됐다. 여기서도 터지고, 저기서도 터진다. 사퇴 말고는 달리 방법이 없기도 하다. 추미애가 그 같 은 선택을 하면 빨리 매듭될 터. 여권은 조국을 경험하고서도 정신 못 차 린 듯하다. 작년 10월 3일 개천절 광화문 집회가 생각나지 않는가. 추미 애가 제 발로 나가지 않으면 밀어내야 한다. 문재인 대통령이 결단할 필 요가 있다.

#3: 추미애. 요즘 잠이 올까. 모두에게 버림받을 지도 모르겠다. 뭔가 숨기 려다보니 새로운 사실이 계속 터지고 있다. 이런 것을 사필귀정이라고 한다. 왜 이렇게 됐을까. 누굴 원망할까. 자업자득이다.

내가 어제 하루 동안 추미애에 대해 올린 글들이다. 너무 터지니까 딱하다는 생각도 든다. 그런데 전혀 동정을 사지 못하고 있다. 그동안 해온 짓과 무관치 않다. 국회의원한테는 "소설 쓰시네"라고 비하했고, 국민들에게도 고자세로 일관하고 있는 까닭이다. 이것은 배짱도 아니다. 한마디로 오만하다고 할 수 있다. 누구보다 정의로와야 할 법무장관이 그렇다.

진중권은 추미애를 맹구라고 했다. 한참 모자란다는 뜻이다. 그렇게 비난받아도 싸다. 그는 추미애가 아들 서 모 씨의 '군 휴가 특혜' 수사 등과 관련, "보고받지 않을 것"이라고 밝힌 데 대해 "맹구 같은 소리"라고 일갈했다. 진중권은 7일 페이스북에 글을 올려 "자신(추 장관)이 검찰총장이라고 착각한 듯"이라며 "어차피 법무부 장관은 개별 사건에 대해 보고를 받지 못하게 규정돼 있다"고 가르쳤다.

검찰청법 7조에는 "법무부 장관은 검찰사무의 최고 감독자로서 일반적으로 검사를 지휘·감독하고, 구체적 사건에 대하여는 검찰총장만을 지휘·감독한다"고 규정돼 있다. 추미애가 급하다보니 이 같은 규정도 착각한 채 새삼 보고를 받지 않겠다고 강조한 듯하다. 이 같은 메시지를 출입기자들에게 돌렸다. 위기를 모면하겠다는 의도에 다름 아니다.

진중권은 "애초에 자기 권한에도 없는 일을 안 하겠다는 건 또 무슨 맹구 같은 소리인지"라며 "이 무개념이 이분의 매력"이라고 했다. 그러면서 "바보 아니냐"라고도 했다. 그는 "(추 장관이) 선심을 쓰셨으니, 저도 그 답례로 불체포특권을 내려놓겠다"면서 "그러는 사이에 사건은 1라운드 휴가연장 청탁, 2라운드 올림픽 통역관 파견 청탁을 거쳐 3라운드 부대배치 청탁으로 비화한 상태"라고 비꼬았다. 언제까지 이런 조롱을 당할 건가. (사퇴를) 결단하라.

추미애
이제 그만 물러나라

2020년
9월 5일

역대 최악의 법무부장관. 바로 추미애다. 왜 그렇게 됐을까. 본인이 자초한 측면이 크다. 검찰 개혁을 강하게 밀어붙이고 있지만, 추미애 자신의 결함이 너무 많아 동력을 얻지 못하고 있다. 국민들은 추미애에 대해 피곤함을 호소한다. "추미애 얼굴을 보지 않았으면 좋겠다"는 말도 나온다. 추미애도 이런 사실을 모를 리 없을 터. 그럼 방법이 딱 하나 있기는 하다. 자진 사퇴다.

추미애는 문재인 정권에도 부담을 주고 있다. 툭 하면 말썽을 피우니 말이다. 국회의원에게 "소설 쓰시네"라고 말하기도 했다. 그럼 문 대통령은 추미애를 예뻐할까. 그럴 리 없다고 본다. 아마 스스로 그만두기를 바라는 지도 모르겠다. 추미애는 정권 차원에서도 미운 오리가 됐다. 그를 엄호하는 민주당 의원들은 처연하기까지 하다.

나는 추미애가 조만간 물러나지 않을 수 없을 것으로 본다. 사실

아들 문제는 심각하다. 추미애가 거짓말한 것으로 드러나고 있기 때문이다. 국무위원의 거짓말은 가볍게 넘길 사안이 못 된다. 정권의 신뢰와도 직결돼 있어서다. 여기에 민주당 김남국 의원이 한 몫을 했다. 국방부에 확인한 결과 추미애 보좌관이 군에 전화를 한 것은 맞는 듯하다고 했다.

반면 추미애는 그동안 "소설을 쓰시네" "보좌관이 뭐 하러 사적인 지시를 받나" 등 강한 어조로 반발해 왔다. 야당 의원들이 압박을 해도 끄덕하지 않고 되받아치곤 했다. 아들 특혜는 없었다는 얘기다. 이제 쟁점은 추미애의 거짓말 여부로 옮겨 붙었다. 추미애의 주장대로라면 김남국이 거짓말을 한 셈이다. 결국 김남국이 진실 공방에 기름을 끼얹었다.

김 의원은 4일 오전 'MBC 김종배의 시선집중'에 나와선 추 장관 아들 휴가 연장을 위해 보좌관이 군부대에 전화했다는 의혹과 관련해 "국방부를 통해 확인해봤는데 전화를 건 것은 사실인 것 같다"면서도 "민원성 문의 전화였다고 얘기하기 때문에 외압은 아니다"라고 했다. 이어 진행자가 '보좌관이 (추 장관 지시도 없이 알아서) 부대로 전화했다는 게 납득하기 어렵다'고 하자 "그렇게(부적절하게) 보인다"고도 했다. 김 의원은 "(아들의 진료 기록을) 공개하는 게 좋겠다는 뜻을 추 장관 측에 전달했다"면서 "진료 기록을 부풀려서 병가를 갔다면 특혜"라고 말했다.

이에 앞서 추미애는 지난 1일 국회 예결특위에 출석해 "당시 보좌관이 이렇게 전화를 한 사실은 맞느냐"는 박형수 국민의힘 의원 질의에 "보좌관이 뭐 하러 그런 사적인 일에 지시를 받고 하겠느냐"며 "그런 사실은 없다"고 강하게 부인했다. 추미애가 2017년 민주당 대표로 있던 당시 보좌관 5명 가운데 4명은 알리바이를 댔다. 따라서 나머지 한 명이 전화를 했을 가능성이 크다.

　　진중권은 "아빠 찬스 조국, 엄마 찬스 추미애"라며 "조국 키즈 김남국이 정상적인 논평을 하는 걸 보니, 이제야 사태의 심각성을 깨닫고 (추미애를) 손절하려는 건가"라고 조롱했다. 아마 추미애는 끝까지 버티려고 할 것이다. 하지만 시계추는 낙마 쪽으로 기운 게 아닌가 싶다.

윤석열이
문재인을 문 단다

"대통령에게 임명받은 권력이 선출 권력을 이기려고 한다. 개가 주인을 무는 꼴이다. 권력을 탐하는 윤석열 총장을 끌어내리고 검찰개혁을 완수해야 한다. 정치를 하고 싶으면 옷을 벗고 해야 한다." 민주당 최고위원 선거에 출마한 이원욱 후보가 16일 오후 서울 여의도 당사에서 열린 호남·충청권 합동 연설회에서 한 말이다.

나는 처음에 내 귀를 의심했다. 설마 했다. 어떻게 검찰 수장인 윤석열 총장을 개에 비유할 수 있다는 말인가. 아무리 밉더라도 그렇게 깎아내려서는 안 된다. 누워서 침 뱉는 격이다. 이걸 듣고 국민들이 박수를 보낼까. 일부 친문들은 그럴지 모른다. 하지만 대다수 국민들은 거기에 동의하지 않을 것이다. 또 나라의 주인은 대통령이 아니라 국민이다. 따라서 국민을 모욕하는 발언이라 아니할 수 없다.

이런 사람들이 집권당 최고위원을 한다고 하니 한심하다. 표를 얻기 위해 그런 과격한 발언도 서슴지 않은 것으로 본다. 이원욱 후보는 거의 꼴찌를 달리고 있는 것으로 알려졌다. 윤석열과 문 대통령을 팔아 표를 얻으려는 것 이상도 이하도 아니다. 윤석열을 대통령과 대등한 위치로 올려놓았다. 야권의 대권주자로 거듭 밀어준다고 할까.

다른 후보들도 윤석열 때리기에 가담했다. 이원욱이나 도긴개긴이다. 노웅래 후보도 "검찰개혁을 확실히 하겠다. 무소불위, 기득권만 지키려는 검찰을 개혁하고 척결하겠다"면서 "측근이라고 수사하지 않고 기소하지 않고 봐준다는 검찰에 대한 개혁을 확실히 해내겠다"고 말했다. 신동근 후보는 "거대한 검찰 권력, 언론 권력, 경제 권력이 있다. 임기도 없고 선출되지 않은 권력"이라며 "무소불위 정치검찰의 행태를 봐라. 문재인 정부를 폄하하고 노골적으로 저항하고 있다. 이제 검찰개혁을 성공적으로 마무리해야 한다"고 거들었다.

이들은 자기네를 최고로 알고 있다. 선출 권력이라며. 대단한 착각이다. 국민들은 이처럼 막말을 히라고 그들을 뽑아주지 않았다. 국민을 대신해 정부 권력을 견제하라고 뽑아 주었다. 그런데 엉뚱하게도 대통령을 옹호하는 결사대가 되고 있다. 아주 못난 사람들의 못난 짓이다. 그들이 측은하다는 생각도 든다. 정권의 홍위병이 되어 무엇을 하겠다는 말인가.

국민의당 이태규 의원이 일갈을 했다. 보다 못해 한마디 한 것. 이 의원은 이날 입장문을 내고 "검찰총장과 대통령을 개와 주인 관계로 비유한 여당 최고위원 후보의 발언은 이 정권의 전체주의적 사고와 권력이 자신들의 사익추구 수단임을 보여 주는 것"이라며 "민주당에서는 친문 극성세력의 지지 없이는 누구도 당선될 수 없는 구조임을 보여준다. 민주당 분위기는 60~70년대 중국 문화대혁명 시대 잔혹하고 철없는 홍위병 시대를 연상케 한다"고 쏘아붙였다.

여권이 윤석열을 때릴수록 윤석열의 주가는 올라가게 되어 있다. 풍선효과다. 그렇게 밉다면 문 대통령에게 윤석열을 해임하라고 요구해라. 대통령은 검찰총장을 해임시킬 수 있다. 그것마저 자신 없다는 소리로 들린다.

추미애·윤석열 함께 물러나라

2020년
8월 12일

윤석열 검찰총장이 임기(2년)를 다 채울 수 있을까. 내년 7월까지다. 나는 그 전에 나올 것으로 본다. 그에게 임기는 의미가 없기 때문이다. 이 정권에서 이미 버림받은 처지다. 따라서 시기를 저울질 할 것 같다. 스스로 그만두더라도 명분은 있어야 한다. 여권에서 물러나라고 한다고 그만둘 사람이 아니다. 지금껏 보여준 것만 보더라도 알 수 있다. 그는 팔다리가 거의 잘리다시피 했다. 사실 총장으로서 역할을 하기 어려운 상황이다. 식물총장 상태라고 할까. 윤석열도 반격을 생각하고 있을 게다. 그게 뭘까.

지금 추미애 법무장관과 윤 총장이 자존심 싸움을 한다고 해도 과언이 아니다. 그러는 사이에 검찰 조직만 멍든다. 누가 과연 책임을 질 것인가. 엄밀히 따지면 추미애의 책임이 훨씬 크다. 작년 조국 후임으로 법무장관에 취임한 뒤 윤석열 공격으로 일관했다. 윤 총장 한 사람 잡으려고 내려온 사람 같기도 하다. 본인은 아니라고 하겠지만 국민들 눈에는 그렇게 비친다. 바로 비극의 시작이었다.

민주당도 윤석열 공격에 열을 올리고 있다. 나는 그것을 보면서 참 한심하다는 생각이 들었다. 민주당 의원 176명이 모두 덤벼도 윤석열 한 사람 이기지 못한다. 국민들이 윤석열을 응원하는 까닭이다. 어떤 정치권력도 민심을 이길 수 없다. 그런 경우를 한 번도 본 적이 없다. 민주당의 떼창은 "우리는 멍청이입니다"라고 실토한 것처럼 들린다.

나는 검찰을 오래 출입했다. 94년 검사가 된 윤석열보다 7년 전인 87년부터 출입해 그들의 역사를 잘 알고 있다. 현재 윤석열도 울고 싶은 심정일 게다. 누군가 뺨을 때려주었으면 할지도 모른다. 그것은 임명권자인 대통령이 결자해지해야 한다. 문재인 대통령은 작년 7월 윤석열에게 임명장을 주면서 그를 한껏 치켜올렸다. "우리 총장님은 권력의 눈치를 보지 말고 수사를 해달라"고 부탁했다. 하지만 그것은 말뿐이었다. 조국 수사를 하면서 돌변했다.

추미애를 대리인으로 내세웠지만 결과적으로 실패했다. 문 대통령도 귀를 열고 검찰의 내부 목소리를 들어야 한다. 추미애는 말할 것도 없고, 대통령에 대한 원망이 자자할 게다. 검찰을 적으로 돌려 이로운 것이 있는지 묻고 싶다. 어느 조직이나 공과가 있기 마련이다. 검찰이 기여한 바도 적지 않다는 뜻이다. 부정적인 측면만 부각시켜 흉물로 만든 것은 아닌지 되돌아볼 일이다.

추미애는 정말 아니다. 윤석열도 어차피 마음은 비웠을 것으로 본다. 국민들도 그렇고, 검찰 내부도 그렇고 둘 다 물러나게 하는 것이 옳다. 대통령 지지율 하락에도 영향을 끼쳤을 게 확실하다. 둘을 안고 갈 이유는 없다.

조국,
분수를 알아라

조국은 아무리 예쁘게 봐주려고 해도 봐줄 수가 없다. 여기 저기 안 끼는 데가 없다. 조국이 나설수록 문재인 정부 지지율은 떨어진다. 왜 그것을 모르는가. 페이스북도, 트위터도 반대편 공격으로 도배질하고 있다. 과연 잘하는 일일까. 조용히 언론사 상대로 민형사 소송이나 하기 바란다. 나도 그 점은 나무라지 않았다.

너무 나서면 탈난다. 또 한 사람은 추미애다. 전현직 법무장관들이 입이라도 맞춘 듯 말도 안 되는 소리들을 쏟아내고 있다. 조국도, 추미애도 조용히 있어야 한다. 그게 문 대통령을 돕는 길이다. 지금 여론을 들어봐라. 가뜩이나 나쁜데 둘은 기름을 붓고 있다. 주제파악부터 먼저 하라.

지금 대다수 국민들은 조국에 대해 피곤증을 호소하고 있다. 그의 목소리를 듣고 싶지 않은데 떠들어 댄다. 나라를 두 동강 낸 장본인이다. 그렇다면 자숙하는 것이 맞다. 하고 싶은 말이 있어도 참아야 한다. 그런데 불쑥불쑥 끼어든다. 정 얘기가 하고 싶으면 그들이 있지 않은가. 최강욱 황희석 김남국 김용민 같은 사람들과 해라. 그럼 누가 뭐라고 하겠는가. 대신 공표는 하지 말라. 한마디로 지겹다.

조국은 9일 검찰의 '청와대 하명수사·선거개입' 의혹 사건 수사가 문재인 대통령의 탄핵을 위한 것이라는 취지로 말했다. 문재인 진영에서도 탄핵이라는 말이 처음 나온 셈이다. 정신이 있는 짓인지 묻고 싶다. 꼭 그렇게 하라는 뜻으로 들린다. 서울대 법학교수 출신 치고 너무 유치하다. 고작 생각해낸 것이 그것이다.

그는 "작년 하반기 초입 검찰 수뇌부는 4·15 총선에서 집권 여당의 패배를 예상하면서 검찰 조직이 나아갈 총 노선을 재설정했던 것으로 안다"면서 "문재인 대통령 이름을 15회 적어 놓은 울산 사건 공소장도 그 산물이며 집권 여당의 총선 패배 후 대통령 탄핵을 위한 밑자락을 깐 것"이라고 주장했다. 조국스런 해석이라고 할까.

당장 미친 소리라는 반응이 나왔다. 미학을 전공한 진중권이 페이스북에 글을 올려 조국을 나무랐다. "이게 무슨 뚱딴지 같은 소리냐"며 "완전히 실성했다"고 꼬집었다. 그는 "무슨 탄핵을 검찰에서 하나"라며 "(탄핵은) 국회의원 3분의 2 동의를 받아 헌법재판소에서 판단하게 돼 있다"고 말했다. 이어 "대통령은 재임 중에는 소추

(공소제기) 당하지 않는다"면서 "기소도 못 하는 사건이 탄핵의 사유가 될 수는 없다. 음모론을 펼치더라도 좀 그럴듯하게 하라"고 충고했다. 이는 진중권의 지적이 맞다. 조국이 나가도 너무 많이 나갔다. 망신을 톡톡히 당했다고 할까.

물론 조국에게도 억울한 측면이 있을 게다. 그렇다 하더라도 그가 지은 죄가 너무 크다. 조국 일가는 많은 국민에게 실망을 안겼다. 부끄러운 짓을 하고도, 부끄러워하지 않으니까 더 큰 문제다. 꼭 이 말을 해주고 싶다. "너 자신을 알라." 거기에 답이 있기 때문이다.

추미애 장관과
문찬석 검사장의
상반된 시각

2020년
8월 9일

지난 7일 단행된 검찰 인사에서도 추미애 법무장관이 윤석열 검찰총장의 의견을 전혀 반영하지 않았다는 후문이다. 검찰과장을 대검으로 보내 윤 총장의 의견을 듣는 시늉만 했다. 적어도 차장이나 부장 등 대검 참모들은 총장의 의견을 반영해 발령하는 것이 맞다. 역대 장관들도 그래왔다. 그런데 그런 전통마저도 무시했다. 지금 윤 총장의 속은 속이 아닐 게다.

추 장관은 이번 인사가 아주 잘된 인사라고 스스로 평가했다. 이처럼 뻔뻔한 장관도 처음 봤다. 모두 마음이 편치 않다고 하는데 장관만 자화자찬한다. 정치인 출신이라 그럴까. 추 장관이 정상은 아니다. 어디서 나오는 오만인지도 모르겠다. 역대 최악의 장관으로 기록될 것은 말할 나위가 없다. 검찰 인사가 나오자마자 문찬석 광주지검장이 사표를 던졌다. 법무연수원 기획부장 발표를 보고나서다.

추 장관은 8일 페이스북에 올린 글에서 "인사가 만사"라며 검찰 고위급 인사가 원칙에 따른 것이라고 자평했다. 그는 "이제 검찰에서 '누구누구의 사단'이란 말은 사라져야 한다"면서, "줄이 없어도 묵묵히 일하는 검사들에게 희망을 드리고자 한 것"이라고 주장했다. 하지만 추미애 사단을 만든 것은 부인할 수 없는 사실이다. 그와 가까운 검사들은 요직을 차지하거나 승진을 했다. 그야말로 내로남불이다.

부장검사 출신인 미래통합당 김웅 의원은 이날 "정권 앞잡이인 애완용 검사가 득세하는 세상이 됐다"고 비판했다. 진중권도 "너도 검사냐는 소리를 듣던 자들이 요직을 차지했다"면서 "권력비리에 칼을 댈 사람들이 사라졌으니, 썩은 자들은 두 다리 쭉 펴고 잘 것"이라고 비난했다. 추 장관을 옹호하는 사람들은 찾아보기 어려웠다. 누가 보더라도 편 가르기 인사임을 보여준다고 할까.

문 지검장은 추 장관에게 직격탄을 날렸다. 그는 검찰 내부 통신망 이프로스에 글을 올려 "'친정권 인사들'이니 '추미애 검사들'이니 하는 편향된 평가를 받는 검사들을 노골적으로 전면에 내세우는 이런 행태가 우려스럽고 부끄럽다"면서 "전국시대 조나라가 인재가 없어서 장평전투에서 대패하고 40만 대군이 산 채로 구덩이에 묻힌 것인가. 옹졸하고 무능한 군주가 무능한 장수를 등용한 그릇된 용인술 때문이었다"고 추 장관을 빗댔다.

문 지검장은 '검언유착' 의혹 사건 수사 과정에서 수사지휘권을 발동한 추 장관의 행동에 대해서도 날선 비판을 내놨다. 추 장관을 겨냥해 "차고 넘친다는 증거는 어디에 있습니까"라고 반문한 뒤 "그 증거들이 확보됐다면 한동훈 검사장은 감옥에 있어야 한다. 검사로서 결코 해서는 안 될 행태를 했다는 것인데 그런 범죄자를 지금도 법무연수원에 자유로운 상태로 둘 수가 있는 것인가"라고도 물었다.

곧 있을 차부장급 인사도 주목된다. 최대 관심은 한동훈 검사장에게 몸을 날린 서울지검 정진웅 형사1부장이 어디로 가느냐는 것. 그가 서울지검 1차장으로 승진할 가능성도 있다. 추미애식 인사라면. 그럼 정말 난리가 날 게다.

사실상 윤석열 총장 혼자 남았다

검사장급 이상 검찰 인사 뚜껑이 7일 열렸다. 예상했던 대로다. 딱 한마디로 요약하면 윤석열 검찰총장 고립이다. 지난 1월 인사를 통해 윤석열을 고립시킨 뒤 더 심화시켰다는 평가다. 반면 추미애 법무장관 및 이성윤 서울중앙지검장과 가까운 검사들이 승진해 대검 요직을 차지했다. 대검 참모마저 윤 총장과 손발을 맞춰온 사람들이 아니다. 이정수 대검기조부장만 자리를 그대로 지켰다. 이를 두고 법무부는 윤 총장을 배려했다고 한다.

법무부에 따르면 이성윤(사법연수원 23기) 서울중앙지검장이 당분간 자리를 유지한다. 추 장관의 참모로 일해 온 조남관(24기) 법무부 검찰국장은 고검장으로 승진해 대검찰청 차장검사로 부임한다. 검찰국장 후임은 심재철(27기) 대검 반부패강력부장이 맡는다. 이들 모두 친정부 성향으로 추 장관의 신임이 두터운 사람들이다.

검사장은 6명이 승진했다. 이른바 '검언유착 의혹' 수사 지휘 라인인 이정현(27기) 서울중앙지검 1차장이 검사장으로 승진해 대검 공공수사부장을 맡는다. 신성식(27기) 서울중앙지검 3차장은 대검 반부패강력부장, 이철희(27기) 순천지청장은 대검 과학수사부장으로 승진했다. 연수원 28기에서도 처음으로 검사장 3명이 나왔다. 추 장관과 한양대 동문인 고경순 서울 서부지검 차장이 여성으로는 역대 네 번째 검사장으로 승진했다. 이종근 서울 남부지검 1차장은 대검 형사부장으로, 김지용 수원지검 1차장은 서울고검 차장 검사로 각각 승진했다.

이번 인사를 뜯어보면 윤석열 포위인사임을 알 수 있다. 윤 총장과 가까웠던 검사들은 또 밀렸다는 게 중론이다. 윤 총장과 연수원 23기 동기인 구본선 대검차장은 광주고검장으로 내려간다. 좌천인사의 성격이 짙다고 하겠다. 보통 대검차장은 서울고검장이나 법무연수원장으로 자리 옮기는 게 관례였다. 광주고검장은 처음 승진하는 사람이 가는 자리이기도 하다.

이성윤이 고검장으로 승진하지 않은 것도 눈여겨 볼 대목이다. 검찰국장 후임인 조남관 검사장마저 고검장으로 승진한 마당에 그대로 앉힌 것은 윤 총장과 각을 세워 검언 유착 의혹 사건 등을 마무리하라는 주문으로 해석된다. 잘하면 검찰총장을 시켜주고, 그렇지 않으면 연수원 한 기수 후배인 조남관 대검차장 내정자에게 밀릴 수도 있다는 경고를 내포한다고 하겠다.

윤 총장은 거의 혼자 남다시피 했다. 이정수 기획조정부장이 남아 있지만 역부족을 느낄 게다. 지금껏 이런 인사는 없었다. 적어도 대검 참모들은 총장의 의견을 반영해 인사를 해왔다. 두 번에 걸쳐 이 같은 인사를 함으로써 윤석열의 힘을 완전히 빼놓겠다는 의중을 드러낸 셈이다. 윤석열 힘 빼기 인사라고 할 수 있다.

이번 인사로 권력형 비리 수사 등도 제동이 걸릴 것 같다. 이성윤 서울지검장은 윤 총장의 지휘 밖에서 놀고 있고, 다른 참모들도 비협조적으로 나올 가능성이 크다. 윤석열이 어떻게 나올지 궁금하다.

검찰총장이 대권주자로 거론되는 이 현실

2020년
8월 4일

　민주주의 사회에서 누구든지 정치를 할 수 있다. 처음부터 정치인으로 태어난 사람은 없다. 자의로 대부분 정치에 뛰어들지만, 타의에 의해 정치 입문하는 경우도 있다. 물론 최종 선택은 자기가 한다. 지금 윤석열 검찰총장이 주목받고 있다. 가만히 있어도 전체 대권주자 가운데 지지율 3위다. 정부 여당과 각을 세우고 있는 만큼 야권 주자 가운데는 단연 1위다. 1위는 이낙연 의원, 2위는 이재명 경기지사다.

　리얼미터가 오마이뉴스 의뢰를 받아 전국 성인남녀 2,560명을 대상으로 지난달 27~31일 조사(95% 신뢰수준에 ±1.9%포인트)한 결과 윤 총장의 선호도는 지난달보다 3.7%포인트 상승한 13.8%를 기록, 3위 자리를 굳건히 지켰다. 지난달과 마찬가지로 야권 후보 가운데 선두에 자리매김했다. 이 의원의 선호도는 25.6%로 1위를 차지했지만 지난달(30.8%)보다 5.2%포인트 떨어졌다. 이 지사의 선호도는 19.6%로 나타나며 2위를 기록했다. 지난달보다 4.0%포인트

217

올랐다.

윤석열을 제외한 다른 야권 주자들은 고만고만했다. 홍준표 무소속 의원은 5.8%, 안철수 국민의당 대표 4.9%, 오세훈 전 서울시장 4.3%, 황교안 전 통합당 대표 4.0%, 유승민 전 통합당 의원 2.5%, 원희룡 제주지사 2.3% 순이었다. 이들 가운데 치고 올라올 사람이 있을까. 원 지사 말고 나머지 주자들은 새 얼굴이 아니라서 확장성에 한계가 있을 것으로 보인다.

지금 당장 윤석열을 뛰어넘을 주자가 나올 것 같지는 않다. 야당의 고민도 여기에 있을 듯하다. 김종인 통합당 비대위원장이 대권 후보에 대해 이런저런 말을 하지만 현실성이 낮다. 정치는 생물이라고 한다. 그래도 현실을 무시할 수 없다. 어느 날 갑자기 후보가 하늘에서 떨어지지 않는다. 그동안 대통령 선거를 보더라도 알 수 있다. 치열한 권력투쟁을 통해 후보가 되고, 대통령 자리까지 오른다.

그렇다면 윤석열 카드도 생각하지 않을 수 없다. 윤석열이 어떤 생각을 갖고 있는지는 모르겠다. 그의 입으로는 정치의 정政자도 꺼낸 적이 없다. 하지만 여론을 듣고 있을 테고, 주위에서 정치를 해보라고 권유도 할 것 같다. 나 역시 윤석열이 정치를 할 수밖에 없을 것이라고 내다본다. 결국 윤석열은 자의 반, 타의 반으로 정치에 뛰어들 가능성이 크다.

대한민국이라는 특수한 상황 때문에 검찰총장이 부각되고 있다. 만약 선진국이라면 상상도 할 수 없는 일이다. 검찰총장이 정치권에서 회자되는 것 자체가 바람직하지 않다. 그런데 여권이 윤 총장을 압박하니까 그 반사작용으로 그의 인기가 치솟고 있다. 아이러니가 아닐 수 없다. 문재인 정부를 싫어하는 사람들이 윤석열 지지로 돌아서고 있는 것이다.

윤석열이 현직에 있으면서 정치에 개입할 일은 없다. 그럼에도 민주당 의원들이 윤 총장을 공격하고 있다. 그럴수록 윤 총장의 선호도가 올라간다는 것을 왜 모를까. 윤석열을 키워주는 곳은 야당이 아니라 여당이다.

윤석열 검찰총장을 투사로 만들어선 안 된다

윤석열 검찰총장이 근 한 달 만에 입을 열었다. 추미애 법무장관에게 검언 유착 의혹 사건의 지휘권을 빼앗긴 터라 모두 윤 총장의 입을 주목하고 있었다. 윤 총장은 3일 오후 신임 검사 신고식에서 작심한 듯 속마음을 드러냈다. 예상보다 훨씬 강도가 높았다. 모두 맞는 말을 했다. 하지만 받아들이는 사람에 따라서는 문재인 정권에 대한 윤 총장의 경고로도 들렸을 법하다.

검찰총장이 정부와 각을 세우고 있는 것은 자초지종을 떠나 불행한 일이다. 그 원인은 조국 사태로 거슬러 올라간다. 그때부터 불편한 관계가 이어졌다. 조국 사태는 아직도 진행형이다. 추미애로 법무장관이 바뀌었지만 하나도 나아진 게 없다. 오히려 관계가 최악으로 치닫고 있다. 여기에는 추미애의 거친 입과 행동이 보태져 돌아올 수 없는 다리를 건넜다는 게 중론이다.

윤 총장은 이날 "대의제와 다수결 원리에 따라 법이 제정되지만 일단 제정된 법은 누구에게나 공평하게 적용되고 집행돼야 한다"
면서 "부정부패와 권력형 비리는 국민 모두가 잠재적 이해당사자
와 피해자라는 점을 명심하고 어떠한 경우에도 외면하지 않고 당
당히 맞서 국민으로부터 위임받은 법집행 권한을 엄정하게 행사해
야 한다"고 강조했다.

나도 배포된 자료를 모두 읽어 보았다. 눈에 띄는 대목이 있
었다. "헌법의 핵심 가치인 자유민주주의는 평등을 무시하고 자
유만 중시하는 것이 아니다. 이는 민주주의라는 허울을 쓰고 있는
독재와 전체주의를 배격하는 진짜 민주주의를 말하는 것"이라고
했다. 현 정부 들어 검찰 수사에 대한 비판이 일고 검찰에 대한 압
박이 계속되자 반격을 시도한 것으로 볼 수 있다.

진중권이 즉각 윤 총장의 발언에 대해 해석을 했다. 그는 "와,
세다. 결단이 선 듯"이라면서 "검찰총장은 오직 국민만 믿고, 권력
비리에 대한 수사를 마무리지어야 한다"고 응원했다. 진중권처럼
윤 총장에게 성원을 보내는 국민들이 많을 게다. 총장의 지휘를 받
지 않는 서울중앙지검이 거듭 헛발질을 함으로써 윤석열은 명분을
얻게 됐다. 윤석열의 판단이 옳았다는 뜻이다.

검찰은 우리나라 최고 사정기관이다. 검찰이 바로 서야 함은 물
론이다. 그런 검찰을 흔드는 것은 옳지 않다. 그 맨 앞에 추미애 장

관이 있다. 개혁이라는 명분 아래 검찰을 마구 쥐고 흔든다. 있을 수 없는 일이다. 검찰이 무너지면 권력형 비리 등 거악을 누가 척결한다는 말인가. 정권의 눈치나 슬슬 살피는 검찰은 필요 없다. 검찰은 추상 같아야 한다.

거듭 강조하건대 윤석열을 투사로 만들면 나라가 불행해진다. 그런데 그런 조짐이 나타나고 있다. 추 장관이 윤 총장의 지휘권을 빼앗은 게 발단이 됐다. 그 뒤 검찰은 추미애 파와 윤석열 파로 나뉘었다고 해도 과언이 아니다. 검찰 조직 모두 부끄러워해야 한다. 어떻게 국민 앞에 얼굴을 들 수 있는가. 추미애나 윤석열 둘 다 그만두든지, 하나라도 죽어야 싸움이 끝날 것 같다.

문 대통령이 직접 나서야 될 지도 모르겠다. 국민들은 장관과 총장의 싸움을 보고 싶지 않다. 임명권자도 책임을 통감하라.

추미애는
국민도 무시한다

국회 대정부질문을 보면 국회의원 및 국무위원들의 실력이 드러난다. 어제 대정부질문에서는 정말 꼴불견이 연출됐다. 그 장본인은 추미애 법무장관이다. 답변하러 나온 것인지, 따지러 나온 것인지 알 수 없었다. 그렇지 않아도 미운털이 많이 박혔는데 정말 눈뜨고 못 봐줄 지경이었다. 추미애 자신은 잘하는 줄로 알고 있을지도 모른다. 그렇지 않다면 그렇게 답변할 리가 없다.

답변하는 태도가 안하무인격이었다. 이는 국민을 깔보는 행위와 같다. 국회의원은 국민을 대신해 궁금한 것을 묻는다. 그럼 거기에 성실히 답변하는 것이 예의다. 그런데 추미애는 인상을 찌푸리면서 발끈했다. 한번 붙자고 팔을 걷어 부치는 것 같았다. 자기의 선명성은 올라갈지 모른다. 하지만 정권에는 부담을 준다. 추미애 때문에 문재인 대통령 지지율도 더 떨어질 것 같다.

법무장관의 영어명칭은 the Minister of Justice이다. 정의

223

Justice가 들어가 있다. 추미애한테서 그것이 읽히는가. 그 반대다. 떼를 쓰는 것 같기도 하다. 그래선 안 된다. 추미애는 태도부터 바꾸어야 한다. 누구를 가르치듯 얘기한다. 국무위원도, 국회의원도 국민을 섬기는 자리다. 고개를 숙이는 것이 먼저다. 추미애가 금도를 얘기하려면 자신부터 고쳐야 한다.

22일 국회 대정부질문에서는 미래통합당 김태흠 의원과 추 장관이 맞붙었다. 둘은 사사건건 부딪쳤다. '수명자'(법률 명령을 받는 사람)라는 법률 용어가 유출 증거라는 김 의원의 주장에 추 장관이 "그래서 어쨌다는 건가"라고 거칠게 응대하면서 언성이 높아졌다. 추 장관이 문건 유출을 부인하자 김 의원은 "국민이 의심한다. 법무장관이 그러니까 나라꼴이 공정과 정의가 무너졌다는 것"이라고 공세를 펼쳤고, 추 장관은 "의원님만 그렇게 주장하는 것"이라며 반격했다.

김 의원이 "장관님 기분 가라앉히고, 여기 와서 싫은 소리를 들어야 하는 거다"라고 지적했고, 추 장관은 "싫은 소리를 들을 자세는 충분히 돼 있지만, 모욕적 단어나 망신 주기를 위한 질문은 삼가 달라"고 맞받았다. 김 의원은 물러서지 않고 수명자라는 표현에 대한 지적을 계속하자 추 장관은 김 의원의 말을 끊고 "(해당 표현이) 법률 사전에 있다니까요"라고 격앙된 목소리로 말했다. 급기야 김 의원은 "내 말 끊지 마시라"라고 소리치며 박병석 국회의장에게

"주의를 줘야 한다"고 촉구했다.

추미애는 싸우러 나온 듯한 인상을 풍겼다. 김태흠이 못 할 말을 한 것도 아니었다. 질문 내용은 국민들이 가장 궁금해하는 대목이기도 하다. 추미애는 법무장관으로서 자격이 없다. 역대 최악의 법무장관으로 남을 듯하다. 5선까지 한 국회의원 출신이다. 누구보다 국회를 잘 아는 사람이 적반하장 격으로 나오니 할 말을 잃게 한다.

추미애에게 경고한다. 최소한의 기본 예의부터 다시 공부하기 바란다. 고압적 태도를 버려야 한다. 법무 검찰 망신을 장관이 시켜서야 되겠는가. 국민은 막가파 장관을 원하지 않는다.

천방지축 추미애, 이제는 부동산 정책도 뛰어든다

추미애가 요즘 좌충우돌한다. 오지랖이 국가대표급이다. 오늘(18일)은 '금부분리 정책' 및 그린벨트 얘기까지 했다. 국토교통부 장관이 멋쩍어 할 것 같다. 자기 소관부처도 못 챙기면서 끼어든다. 서울시장이나 대통령이라도 된 줄 아는가. 뭔가 크게 착각하고 있는 모양새다. 못 말려 장관이다.

"무당이 칼춤 추는 것 같습니다. 그 칼이 자칫 자신의 목을 겨눌지도 모르겠다는 불길한 생각이 듭니다." "자기에 대한 과도한 믿음은 때론 방종으로 나타나게 됩니다. 너나 잘하세요, 하는 말이 그래서 나온거지요 ㅋㅋ." "낄 때 안 낄 때 구분도 못 하는 사람 아닌가? 형조판서 짓이나 잘 하소~~~" "법무장관으로 자격이 있는지도 의심스러운데, 서울시장을 바라나보죠." "노망입니다." "ㅋㅋㅋ 못 말려 장관! 어쩜 저렇게 되나 모르겠네요. 원래 그랬을까요?" "추통령."

내 페이스북에 올라온 댓글들이다. 하나같이 비판적이다. 추미애도 이를 모를 리 없을 터. 일부러 그랬다고밖에 볼 수 없다. 관심을 끌기 위해서다. 관음증 환자는 바로 추미애다. 언론이 아니고. 추미애식 내로남불이라고 할까. 참 편리하게 생각하고, 글도 쓴다. 추미애를 뜯어말릴 사람도 없다. 내가 오죽하면 문재인 대통령한테 추미애 좀 말려달라고 했을까.

추미애는 이날 페이스북을 통해 "(서울 집값이 잡히지 않는) 근본 원인은 금융과 부동산이 한 몸인 것에 있다"면서 "그 결과 부동산이 폭락하면 금융부실을 초래하고 기업과 가계부채가 현실화되면 경제가 무너진다. 이러지도 저러지도 못하는 부동산 족쇄 경제가 돼 실효적 정책을 펼 수 없는 것"이라고 지적했다.

그는 또 "한국 경제는 금융이 부동산을 지배하는 경제"라며 "돈 없는 사람도 빚을 내서라도 부동산을 쫓아가지 않으면 불안한 사회가 됐다"고 했다. 이어 "금융의 산업지배를 막기 위해 20세기 금산분리제도를 고안했듯이 이제 금융의 부동산 지배를 막기 위해 21세기 '금부분리 정책'을 제안한다"고 덧붙였다. 하지만 '금부분리 정책'에 대해 "금융과 부동산을 분리한다"는 말 외에 구체적인 설명은 붙이지 않았다.

솔직히 추미애가 무엇을 알겠는가. 금융을 알겠는가, 부동산을 알겠는가. 국무위원이 초등학생 수준의 상식 갖고 끼어든다는 지적이 많았다. 오세훈 전 서울시장은 "금부분리? 참으로 희한한 '듣보잡 이론'"이라며 "부동산담보로 대출하는 것 금지하자? 아주 시장경제 하지 말자고 해라"라고 일갈했다. 다소 뜬금없다는 얘기다.

진중권도 "법무부 장관 최강욱(열린민주당 대표), 국토부 장관 추미애. 서울시장 나올 모양이다. 아니면 대권?"이라고 비꼬았다. 추미애가 "법무부 장관도 국무위원으로 국가 주요 정책에 대해 의견을 표명할 수 있다"고 밝힌 데 대해서는 "근데 정작 해야 할 법무부 장관 역할은 최강욱한테 맡겨놓고, 페북질(페이스북 질)로 국토부 일에 훈수를 두고 있으니 문제"라고 때렸다. 추미애가 왜 이 같은 분란을 만드는지 모르겠다. 서울시장을 위한 포석인가.

홍준표 윤석열 원희룡이 대결한다

홍준표 윤석열 원희룡. 검사 선후배 지간이다. 홍 사법시험 24회, 윤 33회, 원 34회다. 셋 다 커리어가 화려하다. 따로 설명할 필요가 없는 사람들이다. 이들이 2021년 야당 대선 후보를 놓고 맞붙을 가능성이 거의 100%다. 셋 중 누가 유리할까. 상대적으로 젊은 윤 검찰총장과 원 제주지사가 유리하다고 본다.

홍준표는 시쳇말로 한물갔다. 아무리 용을 쓴들 당선과는 거리가 멀 듯싶다. 윤석열도, 원희룡도 좋은 카드다. 여기에 홍정욱까지 가세하면 금상첨화. 야당도 치열한 경쟁을 통해 후보를 뽑아야한다. 그럼 여당 누구와도 해볼 만하다. 지레 겁먹을 필요는 없다.

홍준표는 요즘 자기를 알릴 수단이 별로 없다. 무소속이어서 그렇다. 그러다보니 페이스북을 통해 이런 저런 주장을 펴고 있다. 요즘은 진중권에게 자주 얻어터진다. 최근에는 "선데이서울을 많이 본 것 같다"는 얘기까지 들었다. 사실 치욕적인 비판이다. 그러

229

자 홍준표는 진중권을 향해 "×개"라고 되받았다. 둘의 공방은 앞으로도 이어질 것 같다. 진중권 무서워 가만히 있을 홍준표도 아니다.

윤석열은 아무 것도 하지 않는데 주목도가 점점 높아진다. 이는 야당이 반성해야 할 대목이다. 야당 안에 대권주자가 없어 당 밖의 윤석열에게 기대 심리가 발동한다고 하겠다. 윤석열은 지금까지 정치의 정政자도 꺼내지 않았다. 그럼에도 지지도는 계속 올라간다.

서울신문이 리서치앤리서치에 의뢰해 지난 14~15일 전국 만 18세 이상 성인 남녀 1,000명을 대상으로 실시한 여론조사 결과를 16일 발표했다. 차기 대통령 감으로 적합한 인물은 1위 이낙연 의원(29.6%), 2위 이재명 지사(15.3%), 3위 윤석열 총장(13.5%) 순으로 집계됐다. 이재명과 윤석열의 차이는 1.8%포인트에 불과하다. 이재명이 같은 날 무죄를 선고받아 앞으로 지지율에 영향은 줄 듯하다. 어떻게 변할지는 좀 더 두고 보아야 안다.

원희룡도 다크호스다. 이미 검증은 됐다. 근래 자기 목소리를 부쩍 많이 내고 있다. 이슈 메이킹에도 능하다. 토론도 굉장히 잘한다. 대선 경쟁이 본격화되면 두각을 드러낼 공산이 크다. 지역에 있어 그 한계를 극복해야 한다. 따라서 어느 시점에 제주지사직을 던질 것으로 본다.

　검사 출신끼리만 경쟁하는 것은 의미가 퇴색된다. 여기에 몇 명
은 더 가세할 공산이 크다. 안철수, 유승민, 오세훈, 홍정욱 등이
물망에 오른다. 김동연 전 경제부총리 얘기도 나오지만, 당 안팎서
논의 단계가 아닌가 싶다. 통합당은 현재 윤석열이 절대 강세를 보
이고 있다. 그러나 대선 국면으로 접어들면 상황이 달라질 것이다.

　이 중 50대는 넷. 오세훈 안철수 원희룡 홍정욱 등은 젊음을 무
기로 다른 대권주자들을 압박할 것 같다. 황교안의 실패에서 보듯
정치는 정치를 해본 사람이 훨씬 낫다. 윤석열과 김 전 경제부총
리가 넘어야 할 과제이기도 하다. 통합당도 힘내라. 기회가 없지
않다.

추미애 문고리 권력은 또 뭐냐

추미애 주변에 바람 잘 날 없다. 진원지는 추미애다. 자기 때문에 소문이 나는데도 남 탓을 한다. 언론을 협박하기도 한다. 법적 대응을 하겠다고도 한다. 나도 제소를 당할지 모르겠다. 언론이 의혹을 제기하는 것은 당연하다. 거기에 대해 기면 기고, 아니면 아니라고 하면 된다. 언론의 입까지 막을 필요는 없다는 얘기다.

지금 구린 사람은 추미애다. 추미애 자신이 만든 입장문 가안이 최강욱 등 여권 인사들에게 흘러갔는데도 거기에 대해서는 별다른 입장을 내놓지 않고 있다. 사실 이 문제는 간단치 않다. 기밀로까지는 볼 수 없지만, 어쨌든 언론에 발표되지 않은 내용이 새 나갔다. 거기에 따른 책임을 묻는 것이 당연하다. 그러나 추미애 측은 그럴 생각이 없다고 한다.

문고리 권력이라는 얘기도 나온다. 추미애는 12일 페이스북에 글을 올려 "언론의 공격이 어제오늘 일이 아니지만 멋대로 상상하고 단정 짓고 비방하지 않기 바란다"면서 "마치 제가 과장들 대면 보고를 받지 않고 보좌관을 방패로 삼고 면담조차 거절한다고 하는데 저는 그런 비민주성을 생리적으로 좋아하지 않는다"고 강조했다.

이날 한 언론은 추 장관이 법무부 검찰국장 등 고위 간부들의 대면보고 대신 국회의원 시절 비서관 출신인 이규진 정책보좌관을 통해 대부분의 정책 보고를 받고 있다고 보도했다. 그럼 이 같은 보도내용이 틀린 걸까. 나도 정확한 내용은 모르지만 개연성은 높다고 본다. 국회의원들은 비서관을 손발처럼 부린다. 이 보좌관이 추미애의 오른팔인 것은 틀림 없는 사실이다. 이 보좌관은 가안을 유출한 장본인으로 지목받기도 하지만 법무 측은 아니라고 했다.

추미애는 "담당 과장의 나 홀로 대면 보고로 바로 결재할 경우 실수하거나 잘못 결정되는 위험이 있어 대체로 토론을 통해 다수의 의견을 청취한 후 결정한다"면서 "해당 실·국본부장이 과장들에게만 보고를 시키지 말고 담당업무나 현안을 다 파악을 하도록 하며 관리자로서 리더십을 발휘하도록 당부했다"고 전했다. 이어 "다양한 회의를 수시로 열어 토론을 하고 다수의 의견을 모은 후 결론을 내리는 방식으로 일을 하고 있다"면서 "법무부가 외부 의견을 들을 필요가 있을 때는 관련 실·국본부직원과 함께 외부 전

문가를 초청해 세미나나 간담회도 자주 열고 제가 직접 경청하고 있다"고 덧붙였다.

추미애는 지난 9일 '입장문 유출' 의혹에 대해서도 SNS를 통해 즉각 반박에 나선 적이 있다. 그는 "통상 장관 비서실은 SNS로 전파하고, 법무부 대변인실은 언론인들에게 공지를 하기에 이 건은 달리 오해할 만한 점이 없다"면서 "제가 작성한 글에 이상한 의문을 자꾸 제기하시는데 명확하게 해드리겠다"고 말했다. 그러면서 관련 메신저 대화를 공개하기도 했다.

추미애는 이 정권의 골칫덩이가 됐다. 그 때문에 문재인 대통령 지지율이 떨어질 가능성도 있다. 이리저리 날뛰는 느낌을 준다. 불안정하다는 뜻이다. 국민이 법무장관을 걱정해야 할 처지다.

추미애의 내로남불

추미애 법무장관은 참 세상 편하게 산다. 지금 윤석열 검찰총장을 무릎 꿇렸다고 웃고 있을지도 모른다. 하지만 그는 이긴 게 아니다. 억지를 부리고 있을 뿐이다. 모든 것을 자기 편리한대로 해석하고 행동한다. 언론을 향해 겁박을 하기도 한다. 언론은 누구든지 비판할 권리와 자유가 있다. 그것을 보장해야 할 사람이 막으려고 한다. 어디서 배운 민주주의인지 알 수 없다.

추미애가 윤석열의 건의사항을 거부한 뒤 작성한 초안이 일부 정치권에 유출됐다. 언론사도 받지 못한 자료였다. 그런데 추미애는 별일 아니라고 한다. 언론사는 대변인이 상대하고, 참모진이 SNS 등을 통해 소통한다고 했다. 초안을 유출해도 상관없다는 뜻이다. 감찰을 할 계획도 없다고 했다. 말 그대로 내로남불이다. 만약 이 같은 일이 윤석열 측에서 일어났다고 해도 가만히 있었을까. 난리를 피웠을 게다.

최초로 페이스북에 올린 것으로 알려진 최민희 전 의원은 10일 "추 장관 보좌진 중 한 명으로부터 최종 확정본이라는 메시지를 받았다"고 밝혔다. 최강욱 열린민주당 대표가 전날 "최 전 의원 글을 복사했다"고 밝힌 지 하루 만이다. 최 전 의원은 "그동안 취재에 응하지 못한 건 메시지를 받았을 뿐이라 답할 말이 없었기 때문"이라며 "추 장관의 페이스북 글을 보고 저간의 사정을 알게 됐다"고 설명했다.

당시 상황을 재구성해 본다. 추미애는 지난 8일 오후 7시 20분쯤 입장문 초안을 작성해 법무부 대변인에게 전달했다. 오후 7시 40분쯤 대변인은 수정안을 보고했고, 추 장관은 "메시지 둘 다 좋다"며 공개를 지시했다. 이어 오후 7시 50분쯤 언론에는 수정안이 공개됐지만 추 장관 보좌관실은 초안을 최 전 의원 등에게 전달했다. 최 전 의원은 오후 7시 56분쯤 페이스북에 해당 내용을 올렸고, 최강욱은 이를 보고 9시 55분쯤 올렸단다. 최강욱이 올린 법무부 알림은 조국 백서 필진 관계자들도 페이스북에 올렸다가 지웠다.

따라서 추미애 보좌진이 여권 측 인사들에게 직접 입장문 초안을 보낸 것으로 보인다. 추 장관은 이를 두고 "장관 비서실은 SNS로 전파하니 오해할 만한 점이 없다"면서 "특정 의원과 연관성 등 오보를 지속하면 상응하는 조치를 하겠다"고 밝혔다. 언론이 문제

점을 제기하는 것은 당연하다. 그것마저 차단하려고 하는 것은 잘 못이다. 끼리끼리 논다는 비난을 피할 수 있겠는가.

또 진중권이 일갈했다. 그는 "법무부에서 감찰에 들어가야 하는 데 당연히 감찰할 리 없다"면서 "장관의 명으로 성명 미상자가 최 전 의원을 포함한 일군의 사람들에게 법무부의 입장을 보여주는 문언을 유출한 혐의는 반드시 진상을 규명하고 넘어가야 한다"고 말했다. 이는 진중권의 주장이 옳다. 그냥 슬그머니 넘어갈 일이 아니다. 한마디로 기강해이다.

추미애도, 최민희도, 최강욱도 생각이 같다. 윤석열이 물러났 으면 하는 바람이다. 그들이 올리거나 공유한 글에도 그것이 묻어 난다. 국정을 농단하는 사람들은 바로 이들이다. 하늘 무서운 줄 알라.

추미애의 목표는 딱 하나, 윤석열 사퇴다

#1: "9일 오전 10시까지 하루 더 기다리겠다." 추미애 법무장관이 윤석열 검찰총장에게 보낸 최후통첩이다. 정말 이래도 되는지 묻지 않을 수 없다. 윤석열이 아무리 미워도 그렇지 있을 수 없는 일이 벌어지고 있다. 총장도 장관급이다. 마치 초등학교 선생님이 1~2학년 다루듯 한다. 망신을 주겠다는 것 이상도 이하도 아니다. 추미애의 지시가 부당하다는 것은 전국 검사장들이 모여 의견을 같이했다. 따라서 윤석열이 따르지 않을 가능성도 없지 않다. 점입가경이다.

#2: 윤석열은 어떤 선택을 할까. 악법도 법이라고 했으니 추미애의 지시(?)에 대한 답은 해야 한다. 대응을 하지 않는 것도 방법이긴 하나 그럴 경우 후폭풍이 만만치 않을 게다. 둘 중 하나는 상처를 입게 된다. 추미애는 지금 자기 정치를 하고 있다. 장관이 아니라 정치인 추미애다. 윤석열의 대응이 주목된다.

나는 어제 이 같은 글을 페이스북에 올렸다. 그 뒤 상황이 급반전 됐다. 윤석열이 절충안을 내놓았다. 그것은 현재 검언 유착의혹 수사를 맡고 있는 서울지검 형사1부가 포함된 독립수사본부를 설치하는 것이었다. 추미애의 지시를 90%쯤 수용한 것으로 볼 수 있었다. 그러나 추미애는 즉각 거부 의사를 나타냈다. 윤석열을 벼랑 끝으로 몰았다고 할까.

추미애는 윤석열로부터 100% 항복을 받아내려고 작심한 듯하다. 그것은 윤석열의 사퇴다. 이게 추미애의 뜻만도 아닌 것 같다. 청와대와 조율 냄새가 난다. 물론 추미애와 법무부 측은 아니라고 부인한다. 하지만 최강욱을 비롯한 친문들은 법무부의 가안까지 공유하는 등 여러 가지 의혹이 있다. 아마도 이것 때문에 청와대와 추미애가 어려워질 가능성도 있다.

'법상 지휘를 받드는 수명자(윤석열)는 따를 의무가 있고 이를 따르는 것이 지휘권자(추미애)를 존중하는 것임. 존중한다는 입장에서 다른 대안을 꺼내는 것은 공직자의 도리가 아님. 검사장을 포함한 현재의 수사팀을 불신임할 이유가 없음.' 추미애 장관의 수사지휘권 발동을 둘러싼 법무부 내부 논의 과정이 8일 최강욱 열린민주당 대표를 비롯한 범여권 인사들을 통해 SNS에 게재됐다가 부랴부랴 삭제됐다. 이게 있을 수 있는 일이냐.

최강욱은 위와 같은 메시지를 올리면서 "'공직자의 도리' 윤 총장에게 가장 부족한 지점. 어제부터 그렇게 외통수라 했는데도…ㅉㅉ"이라고 글을 썼다. 법무부 출입 기자들도 받지 못한 메시지를 최 대표가 공개하자 문의가 이어졌고 약 12분 후 법무부 대변인실은 "최강욱 의원이 페이스북에 올린 글은 법무부의 메시지가 아니다. 이와 같은 메시지를 배포한 적도 없고, 현재로서는 배포할 계획도 없다"고 밝혔다.

법무부가 이날 오후 7시 50분쯤 언론에 배포한 메시지는 '총장의 건의사항은 사실상 수사팀의 교체, 변경을 포함하고 있으므로 문언대로 장관의 지시를 이행하는 것이라 볼 수 없음'이었다. 말하자면 가안이 흘러나갔던 셈. 윤석열 죽이기에 모두 나섰다고 볼 수 있다. 오호 통재라.

조국도 윤석열 때리기에 거들고 나섰다

윤석열 검찰총장을 못 잡아먹어 난리다. 여권이 전체적으로 나선 가운데 문재인 정부 들어 임명된 법무장관들이 연합작전을 펴는 것도 같다. 헛웃음이 나온다. 참 할 일들도 없다. 스스로 그들의 무능을 드러내는 느낌이다. 그들이 아무리 윤석열을 흠집 내려고 해도 윤석열은 국민이 받쳐주고 있다. 이게 더 무섭다. 전직 장관들의 공격은 계란으로 바위를 치는 것과 다름없다.

무능의 대명사로 불렸던 박상기 전 법무장관. 그는 무슨 말을 하는 지도 모를 얘기를 했다. 자기 얼굴에 침 뱉는 격이라고 할까. 그와 함께 근무했던 법무부 간부들은 아예 언급을 하지 않았다. 장관으로서 함량이 크게 모자란다는 뜻이다. 박상기가 법무장관을 했는지조차 모르는 사람이 더 많다. 그만큼 존재감도 없었다. 그런 사람이 이러쿵저러쿵 한들 귀담아 들은 사람은 없다.

이번에는 조국이 나섰다. 조국은 형법학자. 나름 논리적으로 윤

241

석열 때리기를 시도했다. 하지만 조국도 큰 함정에 빠졌다. 법도 중요하다. 하지만 그 이전에 상식이라는 게 있다. 조국은 그것을 간과했다. 하나만 알고 둘은 몰랐다. 법이 그렇게 중요하다면 조국 일가는 왜 법을 위반했을까. 내가 하면 로맨스요, 남이 하면 불륜이다.

조국은 지난 3일 열린 전국 검사장 회의가 "임의기구에 불과하다"면서 "의견이 어디로 정리됐다 하더라도 (추미애 장관의 지휘권에) 영향을 주지 않는다"고 꼬집었다. 또 "(검찰이) 통제를 받지 않는 검찰총장을 꿈꾸거나 지지하는 것은 '검찰 파쇼(전체주의)' 체제를 도입하자는 것"이라고 지적했다. 조국의 말대로 검사장 회의가 임의기구는 맞다. 하지만 주요 이슈가 있을 경우 검사장 회의를 열어 의견을 모아오곤 했다. 일종의 관습법이라고 할까.

조국은 4일 페이스북에 검찰청법·정부조직법 규정 등을 인용하며 법무부장관의 수사 지휘가 정당하다고 주장했다. 그는 "검찰총장은 대법원장이 아니며, 검사는 판사가 아니다"면서 "삼권분립 체제에서 대통령도 대법원장을 지휘·감독할 수 없으며 법관 인사에도 개입하지 못한다. 그러나 검찰청은 법무부 외청이기에 법무부장관 휘하에 있으며 검사에 대한 인사권도 법무부장관에 있다"고 했다.

그러면서 "이번 추 장관의 지휘권 발동은 윤 총장 최측근인 한동훈 검사장의 비위에 대한 감찰 및 수사 절차에 대해 장관과 총장이 의견 차이가 발생했기 때문"이라며 "이런 경우 장관이 지휘했는데 총장이 그 지휘를 거부하는 건 명백한 헌법과 법률 위반"이라고 주장했다. 이어 "검사는 상관에게 이의제기권이 있지만 총장은 장관에게 이의제기권이 없다"고 주장했다.

총장은 장관의 지휘를 무조건 따라야 한다는 것도 설득력이 없다. 잘못된 지휘라도 따라야 한다는 논리다. 검사장들이 문제를 삼은 것은 추미애의 잘못된 지휘였다. 법을 이처럼 자기 입맛에 맞게 해석하면 안 된다. 그것이 조국의 한계이기도 하다. 그런 사람이 무슨 서울법대 교수인가. 조국은 입이 열 개라도 할 말이 없는 사람이다. 조용히 있으면 중간이라도 간다.

윤석열은
아직 굳건하다

#1: 어제 전국의 검사장들이 대검에 모였다. 추미애 법무장관의 총장지휘권 발동에 대해 논의하기 위해서였다. 이 자리에서 대충 결론이 모아진 것 같다. 장관이 총장 수사지휘권을 박탈하는 것은 잘못된 선례를 남길 수 있다는 것. 옳은 지적이라고 본다. 이런 식으로 장관이 수사에 개입하면 검찰의 설 땅이 없어진다. 검사장들은 그것을 우려했을 것이다. 추 장관이 고집으로 문제를 풀려고 하면 안 된다. 그러다가 국민의 저항에 부딪칠 수도 있다. 어느 누구도 민심을 이길 수는 없다. 명심하라.

#2: 윤석열이 임기(2년)를 채울 가능성은 지극히 낮다. 때를 보면서 사퇴시기를 저울질 할 것 같다. 추미애가 지휘권을 발동했다고 바로 사퇴는 하지 않을 것이라는 얘기다. 명분을 찾을 게다. 무엇보다 추미애에게 밀려나가는 모양새는 취하지 않을 듯하다. 맞장을 뜨더라도 문재인 대통령과 뜰 것으로 본다. 윤석열은 그만한 재목감이 된다.

#3: 누가 이길까. 추미애와 윤석열 중에서. 굉장히 어려운 질문이다. 나는 윤석열이 이긴다고 본다. 비록 사퇴를 하더라도. 2005년 천정배 전 법무장관과 김종빈 전 검찰총장이 부딪쳤을 때는 김종빈이 물러났다. 이번 경우와 다르긴 하다. 당시 검찰은 강정구 교수 구속을 주장했고, 천정배는 불구속 수사를 지시했다. 김종빈이 불구속 하는 대신 총대를 메고 사퇴했었다. 검찰의 명예를 위해서 그랬다. 이번에는 사안 자체도 안 된다는

게 중론이다. 그럼에도 추미애는 지휘권을 발동했다. 윤석열 죽이기의 일환이다. 검찰총장 지휘권을 이처럼 함부로 사용해서는 안 된다. 다른 나라도 이 같은 조항이 있기는 하지만 거의 행사를 하지 않는다고 한다. 추미애는 걸핏하면 사용할 태세다. 장관 물러나라는 내부의 목소리가 커질 지도 모르겠다. 일부에서는 그런 조짐이 있는 것 같다. 오히려 추미애 해임이 맞다.

거듭 말하지만 검찰총장이 스포트라이트를 받는 것은 좋지 않다. 문재인 정부가 그렇게 만들었다고 해도 과언이 아니다. 윤 총장이 정권으로부터 탄압받은 모양새를 띠니까 반대급부 현상이 빚어지고 있다. 사실 현직 검찰총장이 야권 대권주자 중 지지율 1위라는 게 말이 안 된다. 문재인 정부를 싫어하는 사람들이 윤석열 지지로 뭉치고 있는 셈이다.

윤석열이 정치를 할지, 안 할지는 모른다. 그러나 지금 같은 추세라면 자의 반 타의 반으로 정치를 할 가능성이 더 짙다. 윤석열 본인의 입으로는 정치 참여 여부에 대해 한마디도 한 적이 없다. 또 할 필요도 없다. 하지 않더라도 그 효과는 이미 거두고 있다. 윤석열의 지지율이 어디까지 올라갈까. 현재 10.1%. 만약 20% 이상 돌파하면 상황이 달라질 것으로 보인다.

아마 그때쯤 사퇴를 하지 않을까 생각한다. 그 시기는 알 수 없다. 나는 올해 말이나 내년 초쯤 사퇴를 점친다. 황교안이 실패를 했기 때문에 그것을 반면교사 삼을 게다. 정치는 다양한 목소리를 들어야 한다. 검사적 시각으로만 봐선 곤란하다. 민심을 읽는 눈을 가져야 한다.

5장

2020. 06~
2020. 04

윤석열 대권주자 선호도 3위 올랐다

윤석열 대망론이 점차 가시화되고 있는 분위기다. 자연스레 그런 방향으로 흘러가고 있다. 누가 콕 집어서 윤석열 검찰총장을 거론한 것도 아닌데 윤석열 말고는 대안이 없다는 여론이 형성되는 것 같다. 이런 흐름이 무섭다. 나는 일찍이 이 같은 가능성을 점쳤었다. 윤석열은 국민 후보(?)라고 할 수 있겠다. 아직까지 윤석열이 여기에 대해 언급한 것은 없다.

여론조사 기관 리얼미터가 30일 오마이뉴스 의뢰로 6월 차기 대선주자 선호도를 조사한 결과에 따르면 윤석열이 10.1%의 지지율로 전체 3위를 기록했다. 이낙연은 지난 5월 조사 대비 3.5%포인트 하락한 30.8%로 1위를 차지했다. 2개월 연속 하락했지만 여전히 2위인 이재명 경기지사와 2배 이상의 지지율 격차를 기록하며 13개월 연속 1위를 유지했다.

이재명도 상승세를 보였다. 지난 5월 조사보다 1.4%포인트 오른 15.6%를 기록했다. 석 달 연속 2위를 차지했다. 이재명의 상승세가 계속될지는 미지수다. 이재명 본인도 이 와중에 2위가 무슨 의미가 있느냐고 반문한 적이 있다. 대법원 판결을 앞두고 있어서다. 대법원에서 형(벌금 300만 원)이 확정되면 지사직을 잃게 된다. 그럼 대선 후보군에서 빠질 수밖에 없다.

윤석열의 급부상에 대해 이런 저런 말들이 많이 나올 것 같다. 야당은 윤석열을 더 주목할 게고, 민주당도 자기네 후보의 대항마로 여길 듯하다. 역설적으로 윤석열을 키워주는 측은 지금 여권이다. 문재인 정권이 윤석열을 압박할수록 정권에 반대하는 국민은 윤석열을 지지할 게 뻔하다. 그게 민심이기도 하다. 윤석열은 가만히 있어도 된다. 굳이 입장을 밝힐 필요도 없다.

다른 야권 주자들도 본다. 4위는 홍준표 무소속 의원이 차지했다. 홍 의원은 지난 조사보다 1.1% 포인트 하락한 5.3%를 기록했다. 황교안 전 통합당 대표는 2.0%포인트 하락한 4.8%로 5위, 오세훈 전 서울시장은 0.3%포인트 하락한 4.4%로 6위를 차지했다. 윤석열은 이번에 처음 포함됐지만 단숨에 야권 후보 중 1위를 꿰찼다.

윤석열의 파괴력이 어느 정도 될 지는 알 수 없다. 황교안보다 더 셀 것이란 게 대체적인 관측이다. 윤석열은 추미애 장관과의 신경전에서 보듯 선이 굵다. 추진력도 강하다. 절대로 호락호락한 인물이 아니다. 만약 윤석열이 정치 입문과 함께 대권도전을 선언하면 도울 사람도 많을 것이라고 한다. 다시 말해 윤석열에게는 보스 기질이 있다는 것. 정치인에게 굉장히 중요한 대목이다. 윤석열이 이재명까지 제치면 상황이 달라질 것 같기도 하다.

문 대통령이
추미애를 말려라

● 2020년
6월 30일

#1: 추미애. 한국 장관의 품격을 떨어뜨리려고 작심한 것 같다. 나도 1987
년부터 법조를 지켜봐 왔지만 여태껏 그런 장관은 처음 봤다. 시정잡배
나 하는 얘기를 아무 거리낌 없이 한다. 그러면서도 부끄러워할 줄은 모
른다. 양아치나 다름없다. 앞으로 골칫덩이가 될 것 같다. (6월 28일)

#2: 김두관과 추미애는 꼭 무언가에 쫓기는 모습이다. 앞뒤가 안 맞는 말로
변명하고 있다. 둘 다 머리가 나쁠까. 글도, 말도 상식적이어야 한다. 그
런데 둘은 상식과 동떨어진 얘기를 하고 있다. 여론도 그들을 질타하고
있다. 괜스레 그러겠는가. 품위를 잃었기 때문이다. 둘은 욕심이 많다.
그러다보니 무리수를 두고 있다는 느낌이 든다. 문재인 정권을 흠집 낼
가능성이 크다. 얼굴조차 보기 싫다. (6월 29일)

내가 추미애를 보면서 느낀 바다. 정말 전무후무한 일이 벌어지
고 있다. 추미애는 지금 자기가 어떤 짓을 하고 있는지 모르는 듯
하다. 아니 알면서도 그럴 게다. 정상인 같으면 일부러라도 그렇
게 할 수 없을 것 같다. 아주 비정상적이라는 얘기다. 윤석열 검찰
총장에게 불만이 있다면 둘이 따로 만나 맞장을 뜨면 된다. 이렇게

공개적으로 할 이유가 없다.

추미애는 이미 윤석열에게 졌다. 자기 힘으로 안 되니까 친문 등 지지자들을 끌어들이려 안간힘을 쓴다. 친문은 그런 추미애에게 열광한다. "추미애가 돌아왔다"면서. 이게 무엇하는 짓인가. 국정을, 정치를 장난으로 하는 것과 다름 없다. 추미애가 코미디언으로 전락한 느낌이다. 차마 두 눈을 뜨고 볼 수 없을 지경이다.

추미애는 29일 페이스북에 "저는 67대 법무부 장관입니다"로 시작하는 긴 글을 올렸다. 모두 검찰 탓, 윤석열 탓이다. 거기에 비친 추미애 자신은 정의의 사도다. 양아치의 변신술이 뛰어나다. 화려한 언변을 뽐냈지만, 내 눈에 비친 추미애는 덜 떨어진 인간으로 보인다. 오죽 못났으면 그렇게 할까. 추미애에게 묻고 싶다. "창피하지 않느냐"고.

추미애는 글을 통해 "문민화 이후 조직과 힘을 가진 검찰이 우위에 서면서 법적으로는 '법무부 외청 검찰청'이지만 현실에서는 '검찰부 외청 법무청'으로 역전됐다"라며 "검찰개혁은 검찰권에 대한 문민통제 즉 민주적 통제에서 출발한다. 민주적 통제를 할 수 있는 법무부의 위상을 회복하기 위해 '법무부의 탈검찰화'가 필요한 것이고, 현재 진행 중"이라고 말했다.

추미애다운 발상이고, 논리다. 검찰 하나 지휘하지 못하면 스스로 물러나는 게 맞다. 자기의 무능력을 과시한 셈이다. 가장 곤란한 사람들은 법무부 참모다. 장관이 이처럼 사고를 치니까 그것을 수습해야 한다. 상식이 통하지 않는 장관이다. 이러다가 법무부에서 장관에게 항명하는 참모가 나올 지도 모르겠다. 충분히 예견되는 상황이다.

추미애가 이처럼 설치는 데도 문재인 대통령은 지켜만 보고 있다. 그럼 똑같은 사람으로 본다. 추미애를 말릴 수 있는 사람은 문 대통령밖에 없다.

차라리 윤석열 검찰총장
해임 건의를 해라

#1: 추미애와 윤석열의 갈등. 둘 중 한 명이 그만두어야 끝날 것 같다. 추미애의 무리한 측면이 더 많다고 본다. 검찰총장도 장관급. 둘이 웃으며 만날 수는 없을까. 검사들은 대부분 윤 총장을 지지하고 있다고 한다. 추미애의 몸값만 떨어진다.(6월 24일)

#2: 추미애는 무얼 하는 사람인가. 법무장관 맞는지 모르겠다. 같은 장관급인 검찰총장을 졸개 취급한다. 물론 직급상 상사는 맞다. 그런데 검찰총장 대하는 태도가 목불인견이다. 안하무인이다. 윤석열을 망신주기 위해 작심한 것 같다. 그럴수록 자기 얼굴 깎이는 줄 모르고. 추미애 같은 장관을 본 적이 없다. 점수를 매기면 빵점이다. 이를 두고 적반하장이라고 한다. 국민의 눈이 무섭지 않은가.(6월 25일)

굳이 윤석열 편을 들고 싶은 생각은 없다. 그런데 추미애 하는 꼴이 너무 가소로워 윤석열을 응원한다. 여러 번 얘기했지만 나는 1987년 가을부터 법조와 인연을 맺었다. 역대 법무장관과 검찰총장도 대부분 안다. 그중에는 아주 절친도 있다. 추미애 같은 장관도 처음 보고, 윤석열 같은 총장도 처음 본다. 그들은 당초 만나지 말아야 할 사람들이었다.

추미애는 초등학생이 자기 마음에 들지 않는다고 심술을 부리는 것 같다. 유치하다는 뜻이다. 어떻게 2,600명의 검사를 지휘하는 검찰총장을 공개적으로 깎아내릴 수 있는가. 자기 말을 듣지 않는다고. 차라리 이럴 바에는 문재인 대통령에게 검찰총장 해임 건의를 해라. 아마도 그 수순을 생각하고 있을 지도 모르겠다. 하지만 해임 건의는 민심이 무서워서 못 할 게다. 진중권의 말처럼 그러는 순간 이 정권이 무너질 가능성도 있다.

추미애 장관이 25일 윤석열 총장을 향해 "내 지시 절반을 잘라먹었다"고 직격탄을 날렸다. 작심하고 한 얘기다. 거의 상소리에 가깝다. 내가 다 먹어야 하는데 총장이 반을 먹었다고 투정을 부린 셈이다. 전날 "법 기술을 부리고 있다"고 윤 총장을 비판했던 추 장관은 이날 공개적으로 비판을 이어나갔다. 윤석열을 압박한다고 할까.

주당 초선의원들이 모인 자리에서 "며칠 전 검찰총장이 내 지시 절반을 잘라먹었다. 장관 말 겸허히 들었으면 지나갔을 일을 지휘랍시고 해서 일을 꼬이게 했다"고 꼬집었다. 한명숙 전 국무총리 관련 위증강요 의혹 사건을 추 장관 지시대로 대검 감찰부에 맡기지 않고 서울중앙지검 인권감독관실에 배당한 조치를 비판한 것이다.

추미애는 "지휘했으면 따라야 하는데도 본인(윤 총장)이 다시 지휘했다. 역대 법무부장관이 말 안 듣는 검찰총장 끌고 일을 해 본 적도 없고, 재지시해 본 적도 없다. 검찰의 치명적 오류로 장관이 재지시해 검찰사에 남으면 검찰은 개혁의 주체가 아니라 대상이 되는 것"이라고 강조했다. 윤석열을 말 안 듣는 총장으로 낙인찍었다. 이게 장관이 할 짓인지 묻고 싶다. 그만둘 사람은 바로 추미애다. 추미애의 경거망동을 규탄한다.

윤석열 대권 주자로 발돋움하다

2020년
6월 20일

    요즘 장외서 가장 핫한 사람은 윤석열 검찰총장이다. 총장으로서가 아니라 그가 정치권에 들어와 대권 주자가 되느냐는 것. 이 같은 윤석열 기사가 종종 눈에 띈다. 언론도 큰 관심을 갖고 있다는 얘기다. 윤석열이 정치를 할 가능성이 점차 높아진다고 할까. 자의든, 타의든 발을 들여 놓을 공산이 크다. 처음부터 정치를 하겠다는 사람은 그리 많지 않다.

    DJ와 YS 말고는 대통령을 하기 위해 정치를 한 사람은 없을 것 같다. 상황이 대통령으로 만들었다. 노무현도, 이명박도, 박근혜도, 문재인도 다르지 않다. 어쩌다가 대통령이 됐다고 할 수 있다. 그런 맥락에서 본다면 윤석열이라고 정치를 못 할 이유는 없다. 내가 보건대 윤석열은 장점이 많다. 정치를 하더라도 잘할 사람으로 보인다.

    윤석열은 우선 배짱이 있다. 정권이 그렇게 흔들어대도 꿈쩍하지 않는다. 맷집이 약한 사람 같으면 벌써 사퇴했을 것이다. 이는 다시 말해 버틸 만한 힘이 있다는 뜻이다. 윤석열은 상대적으로 흠이 적은 듯하다. 만약 개인적 흠이 많다면 버티기 어렵다. 이미 정권 차원에서 윤석열에 대한 모든 조사도 끝냈을 것으로 본다. 채동욱 전 검찰총장을 낙마시킨 사건을 보면 잘 알 수 있다.

역설적으로 윤석열을 가장 키워주는 집단은 여권이다. 그들이 윤석열을 공격하면 할수록 윤석열의 주가는 뛰게 되어 있다. 국민들은 공격하는 쪽보다 당하는 사람을 동정하게 되어 있다. 윤석열 팬덤도 생겼다. 역대 총장 가운데 누구도 윤석열만큼 주목받은 사람이 없었다. 사실 검찰총장이 정치권의 입방에 오른다는 것이 정상은 아니다. 총장은 법집행으로 말해주면 된다.

희한한 일이 벌어지고 있다. 원래 야당이 검찰의 탄압을 받는다고 성명을 내곤 했는데 지금은 그 반대다. 야당이 검찰총장을 탄압하지 말라고 윤석열을 편든다. 반면 민주당은 총대를 메고 윤석열의 사퇴를 압박하고 있다. 자기네가 뽑아 놓고 흔드는 격이다. 한마디로 코미디다. 그런데 사람을 잘못 보았다는 생각도 든다. 나갈 사람을 흔들어야 하는데 윤석열이 미동도 하지 않고 있으니 말이다.

김은혜 통합당 대변인은 지난 20일 논평에서 "지금 범여권은 윤 총장 사퇴 관철에 여념이 없다. 이러라고 국민이 177석을 몰아준 게 아니다"라며 "검찰총장 한 명 몰아내자고 장관과 여당이 총동원되는 웃지 못할 코미디를 국민이 목격하고 있다"고 했다. 이어 "위안부 할머니를 앞세워 사익을 챙긴 윤미향 사태, 조국 수사 등 정권 후반기 자신들에게 불리한 검찰 수사가 진행 중"이라며 "두려움의 발로인가. 그렇게 자욱해진 포연 속에 정권의 허물을 가리고 싶을 것"이라고도 주장했다.

"국민은 이 우스꽝스러운 광대극의 끝을 주시하고 있을 것"이라는 게 통합당의 경고다. 윤석열의 임기는 내년 7월까지다. 그때까지 자리를 지키기는 어려울 듯싶다. 윤석열도 자리에 연연해하는 사람은 아니기 때문이다. 시대가 영웅을 만들지도 모르겠다.

여권은 윤석열 검찰총장 흔들기 멈춰라

나는 1987년 가을부터 법조를 출입했다. 당시 검찰총장은 이종남(고시 12회)이었다. 이 전 총장부터 역대 총장들을 쭉 지켜보았다. 윤석열 총장은 사법시험 33회(연수원 23기)다. 한두 명을 빼곤 역대 총장들을 모두 알고 있다. 이 중 배짱은 윤석열이 최고인 것 같다. 검찰총장들도 힘 있는 자리지만, 정치권력 앞에서는 힘을 제대로 쓰지 못했다.

다른 총장 같았으면 벌써 사퇴했을 법하다. 윤석열이니까 버틴다고 할까. 지금까지 그가 해온 것을 보면 제 발로 나가면 나갔지, 나가라고 해서 나갈 사람은 아니다. 검찰총장은 이런 배짱과 뚝심이 있어야 한다. 검찰 조직의 안정을 위해서도 그게 바람직하다. 총장 자신이 외풍에 흔들리면 검사들도 검찰권을 똑바로 행사할 수 없다. 윤석열은 후배 검사들의 전폭적인 지지를 받고 있다고 한다. 일부 검사들만 반기를 들고 있을 정도다.

정권 차원에서 윤석열을 보면 얼마나 밉겠는가. 대통령의 신임이 가장 두터웠던 조국 전 법무장관을 쳐낸 것도 결국 윤석열이다. 미운 털이 박힌 셈이다. 윤석열에 대한 압박은 계속되고 있다. 노골적으로 윤석열을 공격하는 사람들도 있다. 이제는 민주당의 중진 의원까지 가세했다. 5선인 설훈 의원이 장본인이다. 설훈 의원만의 생각이 아니라는 데 더 문제가 있다.

설훈 민주당 최고위원은 19일 오전 한 라디오 프로그램에 나와 "지금만큼은 윤석열 총장과 추미애 법무부 장관이 서로 다투는 모양으로 보인다고 하는 것은 지극히 안 좋은 사태"라면서 "검찰총장 임기가 있다고 하지만 이런 상태로 법무행정, 사법행정이 진행되는 것은 국민에 대한 도리가 아니다"라고 했다. 다시 말해 사퇴가 답이라는 뜻이다.

그는 "이 사태를 그냥 두고 보는 것은 안 된다고 생각한다. 국민들이 뭐라고 하겠는가. 빨리 정리하라고 할 것"이라며 "그런 상황이기 때문에 내가 윤석열이라고 하면 벌써 그만뒀다. 이런 상황에서 어떻게 버티고 있겠는가"라고 목소리를 높였다. 여당 최고위원이 공개적으로 검찰총장의 사퇴를 요구했다고 할까. 설훈은 말이 거칠기로 유명하다. 여권이 그에게 총대를 맡긴 것으로 볼 수 있는 대목이다.

설 최고위원은 "법무부장관과 총장은 기본적으로 어떤 사안에서든지 의견을 같이하는 것이 상식인데 지금까지 그랬다"면서 "역대 어느 정부에서도 총장과 법무부장관이 서로 견해가 달라 싸우는 듯한 이런 모습을 보인 적이 없었다"고 했다. 물론 이번이 처음은 아니다. 2005년 천정배 법무장관 당시 총장 지휘권을 발동해 김종빈 총장이 물러난 예가 있기는 하다. 장관과 총장 간 갈등이 생길 경우 아랫사람인 총장이 물러날 수밖에 없는 구조다.

윤석열은 흔든다고 흔들릴 사람이 아니다. 여권이 윤석열을 압박할수록 그의 위상은 올라갈 것이다. 윤석열은 이미 대권주자로도 평가받고 있다. 윤석열 죽이기 차원에서 여권의 공격이 시작됐는지도 모르겠다. 만약 그런 의도가 털끝만큼이라도 있다면 아주 위험한 일이다.

보수진영,
윤석열·홍정욱을 띄워 보라

보수진영에 대권주자가 없다. 여당은 이낙연(선호도 28%), 이재명 (12%)이 있으나 야당엔 씨가 말랐다. 3% 이상은 한 명도 없다. 안철수(2%), 홍준표(2%), 윤석열(1%), 황교안(1%), 오세훈(1%) 등이 고만고만했다. 갤럽의 여론조사 결과다. 물론 이런 추세가 대선 때까지 갈 리는 없다. 그래도 야당의 열세가 뚜렷하다. 대권주자를 띄워야 한다. 그렇지 않으면 정권교체는 불가능하다. 새 인물은 나올 수 있다.

야당이 왜 이처럼 쪼그라들었을까. 당도 책임이 있고, 대권주자들도 마찬가지다. 무엇보다 당이 사람을 관리하는 데 실패했다. 김종인 같은 사람을 데려다 비대위원장을 시키고 있으니 한심하기 짝이 없다. 김종인은 욕심쟁이. 사심私心이 없다고 할 수 없다. 본인이 대단한 사람인 양 착각하고 있는 것도 같다. 그런 사람을 모셔오는 통합당도 거기서 거기다.

나는 김종인의 말 가운데 딱 하나만 동의한다. "지금 당에 대권주자가 없다"는 대목. 홍준표도, 유승민도, 원희룡도, 오세훈도, 황교안도 아니다. 그렇다면 새 인물을 수혈할 수밖에 없다. 사람이 없다는 말은 찾고 싶지 않다는 얘기와 다름없다. 사람은 있다. 정말 시대가 원하는 상像이라면 삼고초려를 해서라도 모셔 와야 한다. 그렇지 않으면 승산이 없다.

과연 그런 인물이 있을까. 사람이 하늘에서 뚝 떨어지지는 않는다. 사람을 띄우는 데도 한계가 있다. 기본적으로 지명도가 있어야 한다. 그런 사람 가운데 고를 수밖에 없다. 솔직히 통합당에 인물 DB가 있는지도 모르겠다. 아마 주먹구구식으로 사람을 영입했을 게다. 그것은 21대 총선 결과가 말해준다. 민주당은 민주연구원에서 체계적으로 사람을 영입하는 등 자료에 의존하는 모습을 보여주었다.

반면 통합당은 엉터리였다. 민경욱을 보자. 몇 번 뒤집은 끝에 공천을 확정했다. 그런 후보가 나가 선전을 할 리 없다. 떨어진 후에도 이상한 짓을 하고 있다. 해당 행위를 하고 있으니 말이다. 그런 사람은 당에서 축출하는 것이 옳다. 통합당은 어차피 내년 재보선 때까지 김종인 체제로 운영된다. 김종인이 대권주자를 점찍을 수밖에 없는 구도다. 김종인이 사심을 버리고, 정말 괜찮은 사람을 영입하면 재평가를 받을 수도 있다.

거듭 말하지만 내가 점찍은 사람은 둘이다. 윤석열 검찰총장과 홍정욱 전 의원. 이 둘을 띄워야 한다. 윤 총장은 현직이어서 한계는 있다. 그러나 윤석열을 미는 방법은 있다. 그가 흔들리지 않고 일을 추진할 수 있도록 응원해주면 된다. 윤석열의 임기는 내년 7월. 임기를 채울지는 알 수 없다. 윤석열은 싫든 좋든 정치를 하지 않을 수 없는 운명이다.

홍정욱도 좋은 카드다. 그의 딸 문제가 걸리기는 하지만, 대권에서 딸 문제는 그다지 변수가 되지 않을 것으로 본다. 딸 문제로 더 조심하는 효과도 있기 때문이다. 홍정욱 본인도 정계 복귀를 내심 바라고 있을 게다. 윤석열-홍정욱 카드로 승부를 보아라.

한겨레
윤석열 검찰총장에 사과,
그것이 정석이다

한겨레신문이 22일자 1면에 윤석열 검찰총장과 독자들에게 사과하는 글을 실었다. 제목은 이렇다. 〈'"윤석열도 접대" 진술 덮었다' 기사 부정확한 보도 사과드립니다.〉 이 기사를 1면과 2면에 걸쳐 실었다. 마땅히 그래야 되지만 한겨레신문의 용기 있는 조치에 박수를 보낸다. 언론은 사실보도가 생명이다. 작년 10월 11일 1면에 보도했던 만큼 같은 분량으로 사과를 한 것이다.

한겨레는 "기사 제목·내용이 과장됐고 게이트키핑이 작동하지 않았다"면서 "독자와 윤석열 검찰총장께 사과드린다"고 밝혔다. 한겨레는 그때 톱기사로 '검찰이 윤 총장이 윤중천 씨의 강원도 원주 별장에서 접대를 받았다는 진술을 확보하고도 수사를 덮었다'는 내용을 다뤘다. 한겨레는 후속 기사를 통해 '윤석열' 이름이 적힌 최종보고서 내용 일부를 보도하기도 했다.

한겨레신문은 당시 보도와 관련, "사실 확인이 충분히 이뤄지 않은 상황에서 보도 결정이 내려졌다"면서 "윤 씨의 발언이 과거 사위 보고서에 짧게 언급됐다는 것 외에 다른 근거를 제시하지 못 했다"고 밝혔다. 한겨레는 지난 4월 '윤석열 관련 보도 조사 TF'를 꾸려 자사 보도 문제를 점검했고 그 결과를 이날 공개한 것이다.

한겨레에 따르면 윤 씨 발언이 법무부 과거사위원회 조사보고서에 적혀 있으나 이를 넘겨받은 김학의 전 법무차관 사건 검찰수사단이 제대로 조사하지 않았음을 지적하는 것이었으나 '수차례' '접대' 등 보고서에 없는 단어를 기사와 제목에서 사용했다.

한겨레는 "신문 1면 머리기사와 주간지 표지이야기로 비중 있게 보도함으로써, 윤 총장이 별장에서 여러 차례 접대를 받았는지 여부에 독자의 관심이 집중되는 결과를 낳았다"면서 "보도 뒤 여러 달이 지났지만 한겨레는 윤석열 총장의 별장 접대 의혹에 대해 증거나 증언에 토대를 둔 후속 보도를 하지 못했다"고 자성했다.

윤 총장은 이 같은 보도가 나간 뒤 한겨레 기자를 출판물에 의한 명예훼손 혐의로 고소했고, 지난해 10월 국정감사에서 "취재 과정을 다 밝히고 (내) 명예가 훼손된 것에 사과한다고 지면에 밝히면 고소를 재고하겠다"고 밝힌 바 있다. 이에 따라 윤 총장이 고소를 취하할 가능성이 크다. 윤 총장으로선 명예를 회복한 셈이다.

이번 한겨레 사과 사태를 보면서 느낀 점이 있다. 무엇보다 언론 보도는 정확해야 한다. 사실(팩트)을 중시해야 한다는 뜻이다. 검찰 총장 등 공인이 비판의 대상이 되는 것은 당연하다. 그렇다 하더라도 사실이 아닌 보도가 나가면 명예를 잃게 된다. 나는 작년 한겨레신문의 보도를 사실로 받아들이지 않았다. 만약 사실로 여겼다면 당연히 오풍연 칼럼을 썼을 게다.

나 역시 1인 매체인 오풍연닷컴을 운영하고 있다. 가장 염두에 두고 있는 것은 바른 보도다. 다시 말해 사실만 보도하는 것. 팩트가 틀리면 신뢰를 잃는다. 큰 신문이든, 작은 인터넷 매체든. 명심할 대목이다.

홍준표-윤석열
대결을 예상한다

2020년
5월 20일

내 예상이 맞을지는 모르겠다. 2022년 미래통합당 대선 후보는 홍준표와 윤석열의 대결이 될 것 같다. 무슨 소리냐고 할 게다. 윤석열은 현직 검찰총장인데. 윤 총장의 임기는 내년 7월이다. 임기를 채울 지는 알 수 없다. 21대 국회가 개원하고, 공수처가 발족하고, 윤 총장을 흔들어 대면 임기를 못 채울 수도 있다. 윤 총장은 대가 세 거취도 본인이 판단할 것 같다.

현재 통합당 안에서 홍준표에 필적할 만한 사람은 없다. 홍준표가 조직이 있는 것도 아니다. 홍준표 역시 단기필마형이다. 그런데 단련이 돼 있어 경쟁력은 있다. 정치는 인기를 먹고 산다. 바로 지지율이다. 지금 이낙연이 독주하는 것도 지지율이 높기 때문이다. 야당 인사 가운데는 그나마 홍준표가 눈에 띄는 정도다. 홍준표도 이러한 여세를 몰아가려고 할 것이다.

그러나 홍준표는 분명 한계가 있다. 또다시 대선에 나온다고 해도 30% 이상은 받지 못할 게다. 그럼 대선은 하나마나다. 대선서 승리를 점치려면 지지율이 40% 이상은 돼야 한다. 다음 대선도 양자 대결로 좁혀질 게 뻔한 까닭이다. 몇 번 얘기했지만 야당은 참신한 얼굴로 승부를 보아야 한다. 그렇지 않으면 아예 승산이 없다.

내가 윤석열을 점찍는 데는 그럴 만한 이유가 있다. 보수를 대변할 만한 인물이 윤석열 말고는 없다고 생각해서다. 그나마 대선을 쳐다볼 수 있는 사람들이 모두 낙선했다. 오세훈 나경원 등이 대표적이다. 윤석열은 본의 아니게 정치판에 뛰어들 공산이 크다. "당신밖에 없으니 당신이 나서주어야 하겠다"고 하면 그의 성향으로 볼 때 받아들일 것 같다. 윤석열은 피해 가지 않는다.

나는 법조를 오래 출입했지만 그를 잘 모른다. 하지만 그와 함께 근무했던 지인들에게서 들은 말은 있다. 정치를 할 수 있는 재목은 된다. 통도 크고, 배짱도 있다. 조국 수사를 지켜보면서 국민들도 윤석열의 사람됨을 보았을 듯하다. 권력에 흔들리지 않는 강한 인상을 풍겼다. 모름지기 보수는 그래야 한다. 윤석열은 순수한 면도 있다. 따라서 보수 후보로 옹립하면 가장 좋을 텐데 당내 반발이 변수다.

무엇보다 홍준표가 윤석열 영입을 반대할 것으로 본다. 다 차려

놓은 밥상에 끼어 든다고. 홍준표도 윤석열을 의식하지 않을 수 없을 것이다. 국민적 지지는 윤석열이 홍준표보다 더 받는다고 할 수 있다. 민주당도 윤석열 카드를 다각도로 분석할 것으로 여겨진다. 윤석열이 반문의 기치를 세우고 바람몰이를 하면 상황이 달라질 수 있어서다. 결국 조국 사태가 윤석열을 전국적 인물로 만들었던 셈이다. 윤석열의 변신이 주목된다.

통합당 대통령감은 윤석열·홍정욱 말고 또 있을까

"택도 없는 소리다. 우리는 내년 봄까지는 모든 걸 다 준비해야 한다. 대선 1년 전까지는 제대로 토대를 만들어야 한다는 얘기다. 그러려면 가장 중요한 게 당선할 수 있는 대선 후보를 내는 것인데 당내에서는 없다. 김세연? 홍정욱? 4~5선 중진? 다 아니다. 그런 상품들로는 안 된다. 1년 만에 당내에서 누구를 키워낸다? 불가능하다."

심재철 통합당 원내대표가 4일 한 언론과 가진 인터뷰에서 한 말이다. 지금 통합당의 현주소를 말해주는 것 같다. 여당은 대선 후보감이 넘치는데 야당은 딱히 "이 사람이다"라는 인물이 안 보인다. 무소속으로 당선된 홍준표는 밖에서 헛물을 켜고 있다. 나는 홍준표의 한계를 25~30%로 본다. 그 정도 지지율로는 어림도 없다. 적어도 40% 안팎의 지지율을 올릴 수 있는 사람을 고르고, 키워야 한다.

그럼 당 밖에서 데려와야 한다. 하지만 한계가 있다. 정치인이 그냥 하늘에서 뚝 떨어지지 않는다. 적어도 정치밥을 먹은 사람 가운데 고를 수밖에 없다. 그 학습은 황교안에게서 충분히 했다. 황교안은 정치를 몰라도 너무 몰랐다. 하루아침에 낙동강 오리알 신세를 면치 못하는 것만 보더라도 알 수 있다. 누가 있을까. 심재철도 특정인을 지목하지는 못했다.

내가 볼 때 김세연 역시 안 된다. 그는 특색이 없다. 너무 온실에서 자랐다. 대통령감은 산전수전 다 겪은 사람이 유리하다. 그런 맥락에서 볼 때 홍정욱 카드는 그래도 낫다. 딸 마약 문제로 흠집은 났지만, 그대로 평가받으면 된다. 현재로선 홍정욱 이상의 카드가 안 보인다. 그것은 물론 내 관점이다. 또 하나의 카드는 윤석열 검찰총장이다.

윤 총장의 임기는 내년 7월. 사실 그때부터 준비를 해도 늦지는 않다. 통합당이 대선후보도 추대했으면 좋겠다. 고만고만한 후보끼리 경선을 하는 것은 돈과 시간 낭비다. 차라리 윤석열을 띄워 승부를 보는 것이 어떨까 싶다. 윤석열은 황교안과 다르다. 우선 배짱이 두둑하다. 대국민 이미지도 나쁘지 않다. 보수의 아이콘으로 충분히 자리매김할 수 있다.

여권도 윤석열 카드를 가장 경계할 것으로 본다. 사실 가장 껄끄러워하는 사람이 바로 후보감이다. 윤석열이 중간에 사의를 표명할 가능성도 없지 않다. 문재인 정권과 정면 승부를 하기 위해서다. 황교안은 대표가 되고 나서도 중심을 잡지 못했지만 윤석열은 다를 것으로 관측된다. 윤석열 본인은 정치를 할 생각이 없다고 했지만 시대가 부르면 어쩔 수 없다. 그게 사내의 운명이기도 하다. 앞으로 홍준표가 윤석열을 칠지도 모르겠다.

대한민국서 검찰총장이라는 자리

2020년
4월 17일

여권의 윤석열 때리기가 점점 심해지는 것 같다. 그렇게 마음에 안 들까. 칼을 자기들한테 들이댄다고 이지메를 한다. 선거에 이 겼다고 오만해지면 안 된다. 더욱 겸손해야 한다. 민심은 언제든지 바뀔 수 있다. 윤석열이 정 싫으면 그만두라고 해라. 언론플레이는 옳지 않다. 나는 이미 윤석열 장모가 기소됐을 때 입장 표명을 촉구한 바 있다.

사실 윤석열도 주변 관리를 못 한 측면이 있다. 그가 총장이기에 더욱 엄격했어야 했다. 내가 만약 윤석열이었다면 그때 사퇴를 했을 것이다. 고위공직자, 특히 법을 다루는 사람은 자신과 주변에게도 엄격해질 필요가 있기 때문이다. 지금처럼 문재인 대통령 주변 사람들이 고발해 놓고 흔드는 것과는 또 다른 문제다. 식물총장 운운은 더욱 말이 안 된다. 거취 문제는 윤석열에게 맡겨야 한다.

요즘 윤석열도 마음이 편치 않을 게다. 여권에서 공공의 적으로 간주되고 있는 까닭이다. 무엇보다 검찰총장이 흔들리면 안 된다. 그런 상황이 온다면 개인뿐만 아니라 국가를 위해서도 불행하다. 윤 총장이 결자해지 할 이유는 있다. 정 아니다 싶으면 그만두어야 한다. 자리에 연연해하면 추한 모습으로 비친다. 윤 총장은 선이 굵은 사람으로 알고 있다. 소탐대실을 생각하기 바란다.

대한민국서 검찰총장은 어떤 자리인가. 2,300여 명의 검사 중 딱 한 사람에게 주어지는 자리다. 검사가 되면 누구나 검찰총장을 꿈꾼다. 법무장관이 아니다. 3사 출신들이 참모총장을 꿈꾸듯. 그 만큼 영광스런 자리이기도 하다. 내가 1987년 가을 처음 검찰을 출입할 때는 전국 검사가 700명 남짓이었다. 현재 그 정원이 3배 이상 많아졌다. 검찰총장의 위상은 당시에 비해 많이 떨어졌다고 해도 과언이 아니다.

내가 본 총장 중 가장 힘이 있었던 사람은 김기춘이다. 이른바 카리스마가 대단했다. 초원복집 사건이나 박근혜 정부 대통령 비서실장을 하면서 영욕을 겪고 있지만, 현직에 있을 때는 누구도 넘볼 수 없는 권위가 있었다. 그는 조직 장악력이 대단했다. 나중에 국회의원도 하고, 정치를 하면서 빛이 바래기는 했지만 검찰총장을 할 때는 매우 엄격했다.

에피소드 한 토막을 소개한다. 지금도 김기춘 변호를 맡고 있는 한 변호사 얘기다. 그가 대검 공안과장으로 있을 때다. 당시 김 총장 방에 들어가 보고를 했단다. 그런데 김 총장이 보고를 듣지 않고 내내 아래를 쳐다보더란다. 보고를 끝낸 뒤 김 총장으로부터 이런 얘기를 들었다고 했다. "과장님, 그 구두가 뭡니까?" 방울이 달린 구두끈을 지적했던 것. 검사는 복장도, 구두도 튀면 안 된다는 생각을 갖고 있었다고 할 수 있다.

윤석열도 자신의 거취를 보다 고민해야 한다. 검찰총장이 희화화 되면 안 된다. 그것은 본인이 가장 잘 알 게다. 주변 문제가 깨끗하다면 물러날 이유가 없다. 그러나 상식선에서 볼 때 검찰총장으로서 책임을 져야 한다면 물러나는 것이 맞다. 자리에 연연하는 총장은 되지 말라.

윤석열 죽이는
칼춤을 추지 말라

정권 차원의 윤석열 검찰총장 죽이기가 도를 넘고 있다. 문재인 대통령이 이를 묵인한다고도 볼 수 있다. 특정 언론의 보도에 법무장관이 감찰을 지시하자 대검 감찰본부장은 윤 총장에게 문자로 감찰 착수를 통보했다고 한다. 이는 하극상이라고 할 수 있다. 감찰본부장이 개방직이기는 하지만, 분명 검찰총장의 참모다. 감찰을 한다면 대면 보고가 맞다. 윤석열 망신 주기라고 할 수 있다.

한동수 감찰본부장은 판사 출신이다. 우리법연구회에서 활동했던 사람이다. 한 본부장은 지난 7일 윤 총장에게 채널A-검사장 유착 의혹 감찰에 착수한다는 내용의 문자메시지를 보냈지만 윤 총장은 "녹취록 전문을 살펴보고 필요할 경우 감찰에 나서는 것이 바람직하다"는 뜻을 감찰본부 쪽에 전달하며 이를 반려했다. 총장으로서 권한을 행사한 셈이다.

이에 앞서 추미애 법무부 장관은 지난 2일 대검에 채널A·검사장 유착 의혹에 대한 진상을 상세히 파악하라는 공문을 내려보냈다. 이에 당일 대검은 의혹을 보도한 MBC와 사건 당사자인 채널A에 각각 녹음파일과 촬영물 등 관련 자료 등을 제공해 달라고 요청했다. 아직 공식 회신은 오지 않았지만 채널A 측은 대검에 일단 "녹취록상의 인물은 해당 검사장이 아니다"는 내용을 통보했다고 한다.

추 장관이 보도가 나오자마자 사실상 감찰을 지시한 것도 석연치 않다. 이런 보도가 나오면 대검이 먼저 자체 진상파악을 하는 게 순서다. 총장의 측근 검사장이 연루되었다고 하는데 그대로 있을 총장은 없다. 그럼에도 추 장관이 직접 나섰다. 더군다나 MBC에 제보한 사람은 사기 전과로 실형을 살고 나온 사람이다. 자칫 사기꾼에 놀아날 수도 있다는 얘기다. 이런 점은 대검이 밝히는 게 옳다.

나는 검찰을 오래 출입했다. 내가 출입할 당시에는 감찰본부장은 없고, 감찰부장이 있었다. 개방직 감찰본부장은 더 독립적으로 감찰을 할 수는 있다고 본다. 그러나 이번처럼 총장을 무시하는 것 같은 태도는 비난받아 마땅하다. 한 본부장 생각인지, 또 다른 상부의 지시를 받고 그랬는지는 모르겠다. 매우 부적절한 방법임에는 틀림없다. 윤석열이 아무리 미워도 현직 총장이다. 그런 식으로 망신을 주면 안 된다.

나는 앞서 윤 총장 장모가 기소됐을 때 거취를 고민해야 한다는 칼럼을 쓴 바 있다. 윤 총장이 거기에 대해서는 아무런 언급을 하지 않았다. 이 점은 윤 총장이 잘못했다. 직접 책임은 없다고 하더라도 도의적 책임은 있다. 그러다 보니 장모와 윤 총장 부인에 대한 추가 고발이 들어왔다. 조국 법무장관 당시 인권국장을 했던 황희석 등이 고발을 했다. 조국 대 윤석열의 대결이 끝나지 않았음을 시사하는 대목이라고 할 수 있다.

윤석열을 볼 때 압력을 가한다고 그대로 물러날 사람은 아니다. 그만한 배짱이 있어 보인다. 정권 차원의 윤석열 죽이기는 여기서 멈춰야 한다. 총장을 흔들어 득 될 게 있다는 말인가. 정말 한심한 정권이다.

열린민주당이
윤석열 흔들기에 나섰다

열린민주당을 보면 막가파가 생각난다. 당을 만든 사람도, 비례대표 후보들도 그렇다. 심하게 얘기하면 시정잡배들을 모아놓은 것 같다. 이런 부류들을 지지하는 국민들이 있으니 통탄스럽다. 이들은 조국 마케팅을 하고 있다. 그 공격 대상은 윤석열 검찰총장이다. 똥 묻은 개가 겨 묻은 개 나무라는 격이라고 할까. 이들은 이판사판이다. 창피한 것도 모르는 사람들이다.

정권 나팔수를 자임하는 MBC가 선봉에 섰다. 어제 밤 뉴스를 통해 채널A와 모 검사장의 유착관계를 보도했다. 이 검사장은 윤 총장의 최측근이라는 게 보도 요지다. 이는 누가 봐도 윤 총장 흔들기임을 알 수 있다. 이 보도를 보고 진중권도 한마디 했다. 진중권의 분석은 매우 예리하다. 뭔가 음모가 느껴진다고 했다. 나도 그런 느낌이 온다.

진중권은 31일 페이스북 글을 통해 "이상한 사람들이 나타나 (윤석열 검찰총장) 장모를 공격하고, 유시민은 공수처 수사대상이 될 수 있다는 자락을 깔았다"면서 "조만간 뭔가 큰 게 터져 나올 것만 같은 박진감(을 느낀다)"고 말했다. 영화 개봉박두를 알리는 듯하다는 것. MBC는 이 정권 내내 편파 방송을 했다고 해도 지나치지 않을 정도다.

그는 "MBC에서는 윤석열 (총장)의 측근이 언론사와 내통했다고 보도하고, 열린민주당은 법무부에 감찰하라고 성명을 냈다"면서 "무슨 일이 벌어지는 걸까"라고 반문했다. 이러한 일련의 움직임 배후에 윤 총장을 겨냥한 보이지 않는 손이 있는 게 아니냐는 의혹을 에둘러 표현한 셈이다. 만약 검사장이 관련돼 있다 하더라도 굳이 윤 총장의 측근임을 강조할 필요가 있었을까.

검찰개혁을 내세우는 열린민주당은 MBC의 보도를 지지하며 성명서를 내고 윤석열 검찰총장은 본인의 최측근이라는 검사장과 채널A 사이의 정치공작을 보고받았거나 관여한 사실이 있는지 직접 밝히라고 강조했다. 최강욱 열린민주당 비례대표 후보는 '유시민 이사장 비위 달라며 가족을 인질로 협박한 채널A 기자와 검사장을 처벌해주시고 윤석열에게 책임을 물어주세요'란 청와대 국민청원을 공유하며 출국금지와 감찰조사를 해야 한다고 거들었다. 손혜원은 "이 대목의 진짜 이상한 사람은 본인(진중권)"이라고 주장했다.

검찰총장을 동네북처럼 만들면 안 된다. 검찰 역시 민주주의 최후의 보루다. 이리 흔들고, 저리 흔들고 흠집 내려는 인상이 역력하다. 열린민주당에는 그런 사람들만 모여 있다. 유시민도 한패다. 이들이 민주주의의 독버섯들이다. 사돈 남 말하지 말고 가만히 있어라.

오풍연이 내다본 2022년 대선은

"내년 대선은 누가 될 것 같아요?" 내가 가장 많이 받는 질문이기도 하다. 내년 대선처럼 점치기 어려운 때도 없을 것 같다. 지금은 여야 모두 대선 후보마저 불투명하다고 할 수 있다. 절대 강자가 없다는 뜻이기도 하다. 민주당도, 국민의힘도 모두 사정이 녹록지 않다. 또 정치는 생물이라서 언제 어떻게 변할지 모른다. 나는 1988년 13대 국회부터 정치 현장을 취재하거나 칼럼을 써왔다. 30년 이상 국내 정치를 봐온 셈이다. 그런 관점에서 내다보겠다.

현재 대선 후보에 제일 가까이 가 있는 사람은 윤석열과 이재명이라고 할 수 있다. 여론 조사도 그렇게 나온다. 둘 다 권력투쟁에서 이겨야 그 자리를 지킬 수 있다. 하지만 이 둘을 흔드는 세력들이 가만히 있을 리 없다. 본격적인 싸움으로 접어들 가능성이 크다. 지금까지 쉽게 대선 후보가 되는 경우는 본 적이 없다. 치열한 당내외 투쟁을 통해 그 자리에 올라간다.

먼저 민주당을 보자. 이재명이 강자임은 틀림없다. 그러나 이재명도 친문이 인정한 사람은 아니다. 이는 언제라도 바뀌거나, 바꿀 수 있다는 얘기이기도 하다. 이재명도 불안할 게다. 친문의 지지 없이는 최종적으로 대권 후보가 되기 어렵기 때문이다. 이재명도 친문을 끌어안으려 애쓴다. 당장 정세균 총리도 사표를 내고 대선 경쟁에 본격적으로 뛰어들었다. 정세균이 다크 호스가 될 가능성도 적지 않다. 정세균이 조직 관리 측면에서는 이낙연보다 뛰어난 까닭이다. 낮은 지명도를 극복하는 게 관건이다.

민주당은 이재명이 앞서 가고 정세균과 이낙연이 쫓아가는 형국이 될 게다. 어느 순간 이 같은 구도가 바뀔지도 모른다. 여기에 친문이 끼어들 것은 분명하다. 친문이 아예 자신들의 후보를 내세울 가능성도 있다. 무엇보다 윤석열 변수를 감안해서다. 이재명도, 정세균도, 이낙연도 윤석열에게 상대가 되지 않는다면 별 수 없이 다른 후보를 물색할 것으로 여겨진다.

국민의힘은 자체 후보가 없다시피 하다. 윤석열에게 기댈 수밖에 없는 형국이다. 지금은 윤석열만 쳐다보고 있다고 할까. 윤석열을 놓고 쟁탈전이 벌어질 듯싶다. 윤석열이 함부로 처신할 수 없는 까닭이기도 하다. 금태섭도 윤석열 영입을 목표로 제3지대 신당을 만들겠다고 한다. 김종인도 이 판을 기웃거리고 있다.

판이 어떻게 짜일지는 더 두고 보아야 알 것 같다. 윤석열의 선택에 따라 야권 지형도 바뀔 것으로 본다.

따라서 여도, 야도 윤석열의 거취를 주목하지 않을 수 없게 됐다. 윤석열도 조만간 정치 활동에 나설 것이다. 그와 함께할 사람들도 아직은 알려진 게 없다. 윤석열이 여태껏 반짝 떴다가 사라진 대권 주자들과 다른 것도 사실이다. 한평생을 검사로 살아왔지만 정치력도 만만치 않은 것으로 평가받고 있어서다. 우선 메시지 관리에 있어 웬만한 정치인을 능가한다.

일부에서는 윤석열이 완주하지 못할 것으로 내다보기도 하나 나는 그렇게 보지 않는다. 그의 권력의지가 매우 강하다. 대통령은 운도 따라주어야 하지만 자기 노력도 절대적이다. 내년 3월에 누가 웃을까.

윤석열 (前)검찰총장
파평 윤씨 족보(요약)

시조	윤신달 고려 개국공신, 계림대도독(鷄林大都督)
5세	윤 관 동북9성 쌓아 여진족 정벌. 문숙공
15세	윤 곤 좌명공신(佐命功臣)
19세	윤 탁 사림파의 거두, 성균관 대사성(현 국립대 총장)
21세	윤 돈 1538년 현재 충청남도 논산시 노성 이주(입향조)
22세	윤창세 임진왜란 당시 의병장
23세	윤 황 병자호란 당시 척화파, 사간원 대사간
24세	윤문거 사헌부 대사헌 10회 고사(현 검찰총장)
25세	윤 증 소론(少論)의 영수(윤석열의 9대 종조부) (일명 '백의 정승(白衣政丞)')
34세	윤기중 연세대 상대 교수 역임, 학술원 회원, 한국경제학회장 역임
35세	**윤석열 제43대 검찰총장 역임**

출처: 파평 윤씨 노성종중,
명재(明齋) 윤증(尹拯)의 종손 37대 윤완식 제공

명재고택　http://www.myeongjae.com/

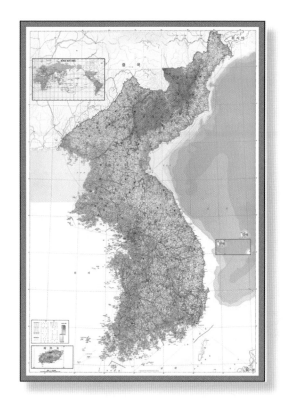

〈모교 책 보내기 운동〉

대한민국의 뿌리, 대한민국의 미래 **청소년·청년**들에게 **책**을 보내주세요.

많은 학교의 도서관이 가난해지고 있습니다. 그만큼 많은 학생들의 마음 또한 가난해지고 있습니다. 학교 도서관에는 색이 바래고 찢어진 책들이 나뒹굽니다. 더럽고 먼지만 앉은 책을 과연 누가 읽고 싶어 할까요?

게임과 스마트폰에 중독된 초·중고생들. 입시의 문턱 앞에서 문제집에만 매달리는 고등학생들. 험난한 취업 준비에 책 읽을 시간조차 없는 대학생들. 아무런 꿈도 없이 정해진 길을 따라서만 가는 젊은이들이 과연 대한민국을 이끌 수 있을까요?

한 권의 책은 한 사람의 인생을 바꾸는 힘을 가지고 있습니다. 한 사람의 인생이 바뀌면 한 나라의 국운이 바뀝니다. **각종 기관에서 우수도서로 선정된 도서를 중심으로 〈모교 책 보내기 운동〉을 펼치고 있습니다.**

대한민국의 미래, 젊은이들에게 좋은 책을 보내주십시오. 독자 여러분의 자랑스러운 모교에 보내진 한 권의 책은 더 크게 성장할 대한민국의 발판이 될 것입니다.

오풍연닷컴을 성원해주시는 독자 여러분의 많은 관심과 참여 부탁드리겠습니다.